高校廉洁文化建设的多维探索与实践

王伯涛　范广斌　葛少鹏　周荣丽　著

辽宁大学出版社　沈阳

图书在版编目（CIP）数据

高校廉洁文化建设的多维探索与实践/王伯涛等著.
沈阳：辽宁大学出版社，2024.12.--ISBN 978-7
-5698-1762-1

Ⅰ.G647.2

中国国家版本馆 CIP 数据核字第 2024UT8349 号

高校廉洁文化建设的多维探索与实践
GAOXIAO LIANJIE WENHUA JIANSHE DE DUOWEI TANSUO YU SHIJIAN

出 版 者：	辽宁大学出版社有限责任公司
	（地址：沈阳市皇姑区崇山中路 66 号　　邮政编码：110036）
印 刷 者：	定州启航印刷有限公司
发 行 者：	辽宁大学出版社有限责任公司
幅面尺寸：	170mm×240mm
印　　张：	16.75
字　　数：	250 千字
出版时间：	2024 年 12 月第 1 版
印刷时间：	2024 年 12 月第 1 次印刷
责任编辑：	张　蕊
封面设计：	徐澄玥
责任校对：	张宛初

书　　号：	ISBN 978-7-5698-1762-1
定　　价：	88.00 元

联系电话：024-86864613
邮购热线：024-86830665
网　　址：http://press.lnu.edu.cn

前　言

2022年，中共中央办公厅印发的《关于加强新时代廉洁文化建设的意见》强调了廉洁文化建设的重要性，指出全面从严治党，既要靠治标，猛药去疴，重典治乱；也要靠治本，正心修身，涵养文化，守住为政之本。在高等教育领域，廉洁文化教育更重要。高校作为培养国家未来栋梁的重要基地，担负着培养学生政治、道德和文化素质的重任。高校在实现立德树人根本任务的过程中，必须充分发挥廉洁文化的教育、示范和熏陶作用，在校园内营造一个风清气正的育人环境。

高校在加强廉洁文化建设的过程中，需要将廉洁教育融入学生的全方位教育中。这意味着，廉洁教育不应限于理论授课，还应通过实践活动、校园文化建设等多种形式，让学生亲身感受廉洁文化的重要性。此外，高校需要重视对党员干部的廉洁教育。作为学校的领导者和管理者，党员干部的行为举止对学生有着深远的影响。他们的言行既代表着学校的形象，又是学生学习的榜样。因此，加强对党员干部的廉洁教育，不仅有利于提高他们的品质，还有利于为学生树立正面的榜样。

本书对高校廉洁文化建设进行了多维的分析与探索，具体如下。

第一章为导论，主要对文化与高校文化、廉洁文化理论、高校廉洁文化进行了初步论述，目的是厘清高校廉洁文化的含义。

第二章为高校廉洁文化建设基本论述，包括高校廉洁文化建设的主要原则、根本要求和体制机制三部分内容，旨在为后面章节的论述奠定理论基础。

第三章为清风徐来：营造高校廉洁从政文化，包括高校廉洁从政文化相关概述、廉洁从政文化：高校廉洁文化建设的关键、高校廉洁从政文化建设实施路径三部分内容。

第四章为学为人师：打造高校廉洁从教文化，包括高校廉洁从教文化理论概述、廉洁从教文化：高校廉洁文化建设的基础、高校廉洁从教文化建设的实现路径三部分内容。

第五章为启智润心：塑造高校廉洁从学文化，包括高校学生廉洁从学文化理论概述、廉洁从学文化：高校廉洁文化建设的目标、高校学生廉洁从学文化的实现路径三部分内容。

第六章为弘扬正气：建设高校廉洁精神文化，包括高校廉洁精神文化的相关概述、廉洁精神文化：高校廉洁文化建设的根本、高校廉洁精神文化建设的实践路径三部分内容。

第七章为风清气正，守护育人净土：创设高校廉洁环境文化，包括高校廉洁环境文化理论初探、廉洁环境文化：高校廉洁文化建设的载体、高校廉洁环境文化建设的实现路径三部分内容。

高校廉洁文化建设是一项系统工程，不仅关系到学生的全面发展，还关系到社会整体文明水平的提升。通过持续不断的努力和创新，高校可以在培养人才的同时，为社会注入更多的正能量。

本书由王伯涛撰写第一章至第四章第一节，共约 10 万字，范广斌撰写第四章第二节至第五章第二节，共约 6 万字；葛少鹏撰写第五章第三节至第七章第一节，共约 6 万字；周荣丽撰写第七章第二节至文末，共约 3 万字。由于著者水平有限，书中难免存在不足之处，望广大读者批评指正。

目 录

第一章 导论 ……………………………………………………………1

第一节 文化与高校文化 ………………………………………………3
一、文化 …………………………………………………………………3
二、高校文化 ……………………………………………………………8

第二节 廉洁文化理论概述 ……………………………………………12
一、廉洁文化的解读及内涵 ……………………………………………12
二、廉洁文化的功能与内容体系 ………………………………………14

第三节 高校廉洁文化阐释 ……………………………………………18
一、高校廉洁文化的内涵与特征 ………………………………………18
二、高校廉洁文化的功能与建设目标 …………………………………20

第二章 高校廉洁文化建设基本论述 ……………………………27

第一节 高校廉洁文化建设的主要原则 ………………………………29
一、突出重点、区别对待和营造氛围、潜移默化的原则 ……………29

二、以人为本、注重教育和服务大局、统筹协调的原则……31

　　三、继承创新、与时俱进和重在建设、务求实效的原则……34

第二节　高校廉洁文化建设的价值体现……36

　　一、高校廉洁文化建设是高校构建和谐校园的现实之需……36

　　二、高校廉洁文化建设是高校建设和发展的长远之基……38

　　三、高校廉洁文化建设是高校培养人才的内在动力……40

第三节　高校廉洁文化建设的体制机制……45

　　一、加大投入力度，形成规范有效的保障支撑机制……45

　　二、落实齐抓共管，形成系统配套的管理实施机制……49

　　三、强化领导核心，形成党委总揽全局的领导体制……52

第三章　清风徐来：营造高校管理干部廉洁从政文化……57

第一节　高校管理干部廉洁从政文化相关概述……59

　　一、高校廉洁从政文化的基础知识……59

　　二、高校廉洁从政文化与高校廉洁文化的关系……64

　　三、高校廉洁从政文化建设的成效……66

第二节　廉洁从政文化：高校廉洁文化建设的关键……72

　　一、高校管理干部：高校廉洁从政文化的主体……72

　　二、高校廉洁从政文化主体的示范与带动作用……74

　　三、高校廉洁从政文化建设关乎党风廉政建设的开展……76

第三节　高校管理干部廉洁从政文化建设实施路径……79

　　一、坚定理想信念，增强廉洁自律意识……79

二、规范从政行为，增强廉洁自律自觉性………………………83

　　三、抓好党风政风建设，营造廉洁从政的氛围…………………89

第四章　学为人师：打造高校教师廉洁从教文化……………97

第一节　高校教师廉洁从教文化理论概述………………………99

　　一、廉洁从教与高校教师廉洁从教文化…………………………99

　　二、高校教师廉洁从教文化与高校廉洁文化的关系……………103

　　三、高校教师廉洁从教文化建设的基础…………………………106

第二节　廉洁从教文化：高校廉洁文化建设的基础……………112

　　一、高校教师：廉洁从教文化的主体……………………………112

　　二、高校教师：学生塑造廉洁品格的示范带动者………………113

　　三、高校教师廉洁从教文化建设：高校党风廉政建设的重要组成

　　　　部分…………………………………………………………115

第三节　高校教师廉洁从教文化建设的实现路径………………118

　　一、筑牢教师廉洁从教的思想基础………………………………118

　　二、优良师德师风培育，增强廉洁从教自觉性…………………122

　　三、严格规范教师的教书育人行为，确保其廉洁从教…………127

　　四、开展多元化活动，引导廉洁从教深入人心…………………134

第五章　启智润心：塑造高校学生廉洁从学文化……………137

第一节　高校学生廉洁从学文化理论概述………………………139

　　一、高校学生廉洁从学文化的内涵解读与特征分析……………139

　　二、高校学生廉洁从学文化与高校廉洁文化的关系……………143

三、高校学生廉洁从学文化建设的现实基础……………………146

第二节 廉洁从学文化：高校廉洁文化建设的目标……………152

一、高校学生廉洁从学文化：推动党和国家事业持续发展的必要条件……………………152

二、高校学生廉洁从学文化建设：构建社会主义和谐社会的现实需求……………………155

三、高校学生廉洁从学文化建设：确保学生全面健康成长与成才的关键……………………159

第三节 高校学生廉洁从学文化的实现路径……………162

一、深化思想品德教育，巩固高校学生廉洁从学文化的思想根基…162

二、聚焦教育核心，拓展高校学生廉洁从学教育的途径……………170

三、加强学风考风建设，增强高校学生廉洁从学文化建设的针对性…176

第六章 弘扬正气：建设高校廉洁精神文化……………185

第一节 高校廉洁精神文化的相关概述……………187

一、高校廉洁精神文化的界定与特征……………187

二、高校廉洁精神文化与高校廉洁文化的关系……………191

第二节 廉洁精神文化建设：高校廉洁文化建设的根本……………194

一、高校廉洁精神文化建设：培育具备廉洁精神的社会主义事业建设者和接班人的核心需求……………194

二、高校廉洁精神文化建设：高校建立健全党风廉政建设和反腐败工作长效机制的必由之路……………197

三、高校廉洁精神文化建设：高校廉洁文化发展和创新的

　　　　重要保证 ·· 200

第三节　高校廉洁精神文化建设的实践路径 ························· 203

　　一、加强思想道德教育，夯实思想基础 ························· 203

　　二、深化廉洁自律观念，倡导无私奉献精神 ··················· 206

　　三、发挥典型的示范作用，倡导良好道德风尚 ··············· 209

第七章　风清气正，守护育人净土：创设高校廉洁环境文化 ······· 211

第一节　高校廉洁环境文化理论初探 ································· 213

　　一、高校廉洁环境文化的相关概述 ································ 213

　　二、高校廉洁环境文化与高校廉洁文化的关系 ··············· 218

　　三、高校廉洁环境文化建设取得的成效 ························· 221

第二节　高校廉洁环境文化：高校廉洁文化建设载体 ············· 224

　　一、高校廉洁文化在高校廉洁环境文化建设中得以鲜明彰显 ······ 224

　　二、高校廉洁环境文化建设是培育高校成员廉洁意识的重要载体 ··· 225

　　三、高校廉洁环境文化建设是构建生态文明校园的重要支撑 ······ 227

　　四、高校廉洁环境文化建设是打造清廉从业的校园氛围的重要条件 ··· 230

第三节　高校廉洁环境文化建设的实现路径 ························· 234

　　一、将廉洁自律理念融入校园基础设施 ························· 234

　　二、建设体现廉洁理念的景观，塑造独特廉洁环境文化 ······ 239

　　三、加强校园网络环境管理，切实提升网络廉洁教育实效性 ······ 242

参考文献 ·· 249

第一章 导论

第一节　文化与高校文化

一、文化

（一）文化的解读及特点

1. 文化的解读

"文化"一词在我国的语境中具有深远的历史根基和丰富的内涵。在古汉语中，"文"指各色交错的纹理。《周易·系辞传下》中的"物相杂，故曰文"及《礼记·乐记》中的"五色成文而不乱"，均体现了"文"的这一含义。"化"字，则主要涉及改变、生成和创造的过程。《庄子·逍遥游》中的"化而为鸟，其名为鹏"体现了"化"的这一含义。这两个概念合并，则形成"文化"一词。

西汉时期，"文""化"两个字的结合，标志着文化概念的初步形成。例如，刘向的《说苑·指武》中"圣人之治天下也，先文德而后武力。凡武之兴，为不服也。文化不改，然后加诛"中的文化，明确了在国家治理中文治的重要性。文化在这里被视为国家软实力的体现，与硬实力的军事手段相对应。进入南朝齐时期，文化的概念进一步扩展。王融的《三月三日曲水诗序》中的"设神理以景俗，敷文化以柔远"中的"文化"不再局限于国家治理层面，扩展到了对民众思想道德的教化，并与未经教化的"质朴""野蛮"形成对照，文化在此获得了更为丰富的内涵。唐朝孔颖达在《周易正义》中指出，"文化"是"圣人观察人文，则诗书礼乐之谓"。此观点强调了文化的核心要素——文化典籍、礼仪风俗等。从这个角度看，文化是一种精神领域的表达，关乎人们的价值观、信仰以及行为规范。进入清代，顾炎武在《日知录》中指出，"自身而至于家国天下，制之为度数，发之为音容，莫非文也"，则将文化的内涵扩展到了个人行为、国家制度乃至整个社会的方方面面。

进入21世纪，关于文化概念的讨论呈现出两种明显的趋势。一种趋势是广义地定义文化，认为文化是人类的独特创造，涵盖人类创造的物质财富和精神财富。这一观点强调了文化的全面性。另一种趋势则是狭义地理解文化，将文化界定为人类创造的精神财富。这一定义聚焦文化的精神层面，强调文化是人类智慧和情感表达的产物。这一观点将文化视作超越物质存在的，是一种精神上的追求和表达。这两种观点共同构成了当代对文化概念的全面理解，反映了人类对文化的深入思考和不断探索。

2. 文化的特点

（1）时代性。文化的时代性体现在其内容和形式上。随着社会的发展、科技的进步和社会结构的变化，文化的内容和表现形式在不断地更新和变化。例如，从口头文学到印刷术再到数字媒体，文化的载体和传播方式随着技术的进步发生了翻天覆地的变化。文化的时代性还体现在其对社会实践的影响上。文化不仅是社会变迁的产物，而且还能对社会产生反作用，影响社会的发展方向和人们的生活方式。文化中的新思想、新观念往往是推动社会进步的重要力量。

（2）稳定性。文化的稳定性体现在其传承和延续上，如文化价值观、习俗和知识等在时间长河中的传承和延续。这种稳定性并非静态的，而是在动态变化中保持其核心精神和基本结构的连续性。文化的稳定性并不意味着文化的僵化或停滞。相反，文化的稳定性往往伴随着适应性的变化。这种变化是在保持文化核心价值和传统的基础上，对新环境作出的反应。因此，文化的稳定性实际上是一种动态平衡，是历史传统与创新精神之间的协调。

（3）继承性。文化的继承性体现在其一代代的传承上。文化的继承性使得每一代人都在前人的基础上，继续发展、演变文化的内涵和形式。通过语言、艺术、习俗、信仰等多种方式，文化的精髓和智慧得以保存，并在传承中得到创新和丰富。继承性意味着对过去的保存，更意味着对传统的再诠释和对时代的不断适应。在这个过程中，文化既保持了连续性，又展现了变革性。例如，古代的文学、艺术作品在今天依然被传颂，同时又被赋予了新时代的意义和表现形式。

（4）选择性。文化的选择性指文化在发展过程中对传统与外来文化元素的筛选和吸纳。这种选择不是随意的，而是基于一定的社会背景、价值观念和实际需求。文化的选择性体现了文化的适应性和发展性，是文化得以持续传承与创新的重要特性。文化的选择性表现在两个方面。一方面表现在决定哪些传统元素可以被保留下来，哪些则可能被淘汰。这一过程非常重要，因为它能帮助文化在不断变化的环境中保持连续性和稳定性。另一方面表现在对外来文化元素的吸收与融合上。在不同文化的交流互动中，某一文化会根据自身的特点和需要，选择性地吸收其他文化的元素，从而实现自身的发展。

（5）整合性。文化能够将不同的元素、价值观念、行为模式等融合成一个协调统一的整体。这种整合是一种动态的、有机的结合，能够使各种文化要素在相互作用中形成稳定、有序的结构。从宏观角度来看，文化的整合性体现在不同文化传统、社会习俗、宗教信仰等在特定社会中的和谐共存上。这种共存并非简单的并列，而是通过不断的相互影响和适应，形成一种相对稳定的文化格局。例如，在多元文化社会中，不同民族的文化能够在相互尊重和借鉴中实现和谐共融。从微观角度来看，文化的整合性体现在个体层面上。个体在其成长过程中，会从周围的环境中吸收多种文化要素，这些要素在个体内部相互作用，从而形成个体独特的文化特质。

（二）文化的层次与作用

1. 文化的层次

（1）物质文化层次。物质文化作为文化的表面层次，源于人类适应与改造自然的劳动实践。这种劳动实践不仅促进了人类自身的发展，而且塑造了文化的本质。在历史的发展过程中，生产与生活方式的多样性，促使不同国家和地区形成了各具特色的物质文化。这一点在不同地域、不同民族的文化表现中尤为明显。例如，不同地区的民居建筑、服饰、生产生活工具、交通工具等，都是其文化特征的具体体现。这些文化元素展现了不同地区人们的美学价值理念，更是各个民族、地域性格的直观反映。以我国为例，由于地域特征的差异，我国形成了诸如陕西的黄土文化、江南的水乡文化、西南部的巴蜀文化、东北的冰雪文化等不同的文化。这些文化的形成和发展，都是当地劳动人民在长期的生产与生活中形成的一种固有的原生态文化。它们的延续与发展，不仅体现了地域特色和民族精神，更生动体现了人类文化的多样化。

（2）制度文化层次。制度文化作为文化体系的中间层次，包括社会规范、行为模式与行为规范等，其核心表现在民俗风情、民俗信仰、人生礼仪、宗教习俗、家族家谱以及乡约乡规等方面。制度文化既是一种习俗的传承，又是一种社会规范和行为准则的体现。在漫长的历史长河中，约定俗成的文化制度代代相传，形成了独特而深刻的文化资源。制度文化的重要性体现在其对个体行为的规范作用上。它通过一定的行为规则，为社会成员提供行为准则，从而保证社会秩序和人际关系的和谐。当个体的行为与制度文化发生抵触时，个体将受到来自文化的约束乃至惩罚。制度文化为处于复杂社会关系网络中的人们提供了必要的行为依据和生活指南。以风俗习惯为例，它是制度文化最直观的体现。不同地区的风俗习惯存在较大差异，如北方的面食文化与南方的米食文化、北方语言的粗犷与南方语言的细腻，都深刻反映了制度文化在地域差异中的多样性。这些差异不仅是食物偏好或语言表达上的不同，更是一种文化传承和社会习俗的体现。

（3）精神文化层次。精神文化，又称观念形态文化，主要体现在文学艺术、价值观念、审美情趣、思维方式等方面。这一层次是文化结构中的内核，既是文化的中心，又是文化生命力的源泉。精神文化的形成和发展，是人类在精神生活中积累的文化心理、思维模式及精神本质的综合反映。精神文化的特点在于其深刻影响了不同的文化发展模式，并直接作用于社会个体的精神建构。精神文化通过物质文化和制度文化得以体现，是社会意识形态和精神状态的表现。在文化的各个层次中，精神层次被视为最高层次。如果缺少这一层次，文化便失去了其根本的生命力。

2. 文化的作用

（1）文化的社会作用。从广义层面来看，文化的作用体现在为人类社会维系结构、稳定与安全上。文化构成了社会的骨架，并通过行为规范与价值观维持社会秩序，保障社会安全。文化还是社会稳定的重要因素，它通过传统、习俗与信仰等，为社会成员提供稳定的生活环境和心理支持。从狭义层面来看，文化为社会成员塑造了日常生活环境，这一环境涵盖物理、心理和语言等多个方面。在这样的环境中，个体既可以实现其物理层面的存在，也可以进行思想上的交流。文化环境的多样性使个体得以在不同的文化背景中成长、学习和交流，从而促进自身的全面发展。

（2）文化的教化作用。文化的教化作用体现在其对个体心智与行为的塑造上。文化中蕴含的伦理道德和人文智慧，对个体的思维方式、价值取向具有深刻影响。文化不仅传播知识、传递信息，更重要的是，文化塑造个体的世界观和人生观，并使之与社会共同体的价值观念保持一致。因此，文化的教化作用在于通过文化元素的传播，实现个体心性的陶冶和品德的提升，从而促进社会整体的和谐与进步。

（3）文化的经济作用。文化的经济作用体现在多个方面。首先，文化环境对经济运行的效率具有至关重要的影响。一个健康、活跃的文化环境有助于激发创新精神，推动技术和管理进步，从而提高经济运行的效率。其次，文化创新是加快经济发展速度的关键。文化创新的培育和推广，能够引领经济朝着更加高效和可持续的方向发展。最后，文化追求对经济发展水平有着直接影响。一个社会的文化追求不仅体现在物质层面上，还体现在精神层面上。高水平的文化追求能够促进社会整体民众素质的提升，从而推动经济向更高层次发展。

二、高校文化

（一）高校文化的界定与特征

1. 高校文化的界定

高校文化是指在高等教育机构中形成的独特的文化现象和精神实质，涵盖知识、价值观、行为准则、传统习俗等多个维度。高校文化体现在高校的教学、科研、管理、社交等多个方面，不仅包括高校在历史发展过程中积淀下来的传统与特色，还包括高校当前面临的挑战和发展方向。高校文化的核心是追求知识与真理，鼓励创新思维和批判精神。高校文化高度重视学术自由和学术独立，并鼓励学生开展学术探索和知识传播。此外，高校文化还强调对学生的全面培养，不仅传授专业知识，还注重培育学生的道德观念、社会责任感和全球视野。

高校文化既包括物质文化层面，又包括精神文化层面。物质文化主要指的是高校中建筑、设施等有形的元素，这些元素不仅为学术活动提供了必要的物质条件，而且反映了高校的历史传统和艺术审美。例如，校园的建筑风格和布局可以展现高校的特色和文化底蕴，建筑更是高校发展历史的物质见证。精神文化则注重价值观、学术氛围、教育理念和校园精神等无形资产。这些无形资产是高校文化的核心，它们塑造了学校的特色和魅力，并对学生的价值观和人生观的形成具有重要影响。精神文化的体现可以是校训、学术传统，也可以是校园内部形成的各种风俗习惯和行为规范。高校文化的这两个层面相互影响、相互渗透，物质文化为精神文化的发展提供物质基础和空间环境，精神文化则赋予物质文化以深厚、丰富的内涵。

2. 高校文化的特征

（1）学术性。学术性是高校文化的基石。它体现在高校对知识的追求、对真理的探索以及对学术规范的坚守上。学术性贯穿教学、研究和学术交流的各个环节，是高校对知识与真理执着追求的核心价值观。学术性要求高校不断深化学术研究，推动学科交叉融合，形成独特的学术风格和研究特色。

（2）开放性。开放性体现在高校文化的包容性和交流性上。高校文化包容不同的思想、观念和学术流派，鼓励师生自由探索、独立思考，形成多元化的学术氛围。同时，高校文化强调交流与合作，不仅鼓励校内的师生间进行广泛的学术交流，还鼓励与国内外其他高校、研究机构开展合作，促进知识的传播与创新。开放性使得高校能够吸纳各种文化元素，加强与社会各界的互动与合作，从而推动知识的创新和传播。

（3）创新性。创新性是高校文化的生命力所在。它不仅体现在科学研究和技术开发上，更体现在对教育理念、教学方法和管理模式的创新上。高校文化鼓励探索未知，倡导创新思维，激发学生和教师的创造潜能，为社会发展贡献新的思想、新的解决方案。

（4）引领性。引领性体现在高校文化对社会发展趋势的预见性和对未来人才培养的引导性上。高校既是知识创新的先锋，也是社会文明进步的先锋。通过对新知识、新技术和新理念的传播，高校能够引领社会观念的更新，培养能够适应未来社会发展需要的高素质人才。

（二）高校文化的育人目标

1. 培育社会主义道德

培育社会主义道德，是高校文化育人的核心。故有"国无德不兴，人无德不立"的说法。因此，高校作为社会主义道德建设的重要阵地，其文化育人的实践活动需要围绕立德展开，旨在培育学生的思想道德，提升学生的综合素质，从而促进学生德智均衡发展。

2. 促进学生全面发展

人的全面发展是释放和发展生产力的关键。生产力的发展依赖人的全面成长，即人的自我意志、需求、潜能、个性以及社会关系和交往的全面发展。在高校中，树人目标的实现具有特殊的意义。高校不仅要塑造学生的理性文化自觉和思想品德，还致力培育学生健全的人格和良好的艺术鉴赏力。这种全面的发展既是知识和技能的提升，更涵盖了情感、价值观和社会交往能力的培育。高校文化的育人目标追求学生在主体性发展中规律性与目的性的统一，即在遵循学生发展规律的同时，引导学生朝着既定的社会和文化目标成长。这种育人模式旨在实现人的真善美三境界的和谐统一，促使学生在认知、情感和行为上达到一个更高的发展层次。

3.增进文化认同

增进文化认同，即坚定文化自信。高校作为知识与思想的汇聚之地，肩负着坚定大学生文化自信的重要职责。

文化自信的根本在于对本土文化的深刻认同，包括对文化价值的肯定、文化优势的确认和文化生命力的坚信。文化自信是学生坚持社会主义道路自信、理论自信和制度自信的前提和基础，它在传承与弘扬中国传统文化中发挥着不可或缺的作用。此外，在全球化背景下，坚定文化自信成为应对外来文化冲击的关键。高校应通过多元化的课程设置、丰富的文化活动以及开放的学术环境，引导学生深入理解中华文化的精髓，增强学生对中华文化的认同感。

第二节 廉洁文化理论概述

一、廉洁文化的解读及内涵

(一) 廉洁文化解读

《吕氏春秋》中的"故临大利而不易其义,可谓廉矣",揭示了"廉"的含义,即在面对利益诱惑时坚守正义,不取不义之财,不贪不义之利。这一定义对"廉洁"在个体道德和行为上设定了明确的标准。而《周礼》中用来评判官吏政绩标准的则为"六廉"(廉善、廉能、廉敬、廉正、廉法、廉辨)。这不仅是对官员个体行为的要求,更是对其心性的考量。由此可见,廉洁强调公正不贪、清白无污。

廉洁文化融合了价值理念、行为规范和社会风尚等,旨在崇尚廉洁、鄙弃贪腐。它是人民大众对廉洁政治和廉洁社会的基本认识、基本理念和精神追求的反映,也是廉洁建设与文化建设相结合的产物。廉洁文化一直具有鲜明的阶级性和时代特点。古圣先贤的廉洁思想和清官廉吏的故事,至今仍广为流传,成为廉洁文化的重要组成部分。在新时代背景下,廉洁文化被赋予了新的内涵。今天所指的廉洁文化,即新时代中国特色社会主义廉洁文化。该文化既是中国先进文化的重要内容,也是党的事业和党的建设的重要组成部分。新时代的廉洁文化以先进的廉洁理论为统领、以先进的廉洁思想为内核、以先进的现代传播平台为载体、以先进的廉洁制度为基础,不仅具有科学的理论指引,还拥有深厚的历史渊源、广博的文化知识背景和丰富的社会实践支撑。廉洁文化建设是以廉洁为主题，通过一系列以文化人的活动展开的。它不仅为党风廉政建设和反腐败斗争提供智力支持和思想保证，还为社会提供文化滋养。在这个过程中，廉洁文化不断吸收新时代的精神内涵和价值观念，从而更加贴合当代社会的需求，成为推动社会公正的重要力量。

（二）廉洁文化的内涵

廉洁文化作为社会文明的重要组成部分，其内涵丰富且深刻，可大致划分为四个层面。第一，廉洁的社会文化，这一层面强调在全社会范围内营造健康向上的廉洁氛围。通过传承和弘扬优秀的廉洁文化及道德风尚，丰富人们的精神世界，提升社会整体的道德水平。第二，廉洁的职业文化，这一层面关注各职业的从业人员，要求他们恪尽职守、爱岗敬业，遵纪守法。这不仅是对个体职业道德的要求，还是对社会整体职业规范的强化。第三，廉洁的组织文化，这一层面主要体现在公共组织的运行中。无论是国家机关还是社会团体，都应该遵循公道正派、公正透明的原则，并坚持诚实守信、廉洁高效的行为标准。这一层面的廉洁文化不仅涉及组织的内部管理，还关系到组织的对外形象和信誉。第四，廉洁的政治文化，这一层面针对掌握公共权力的各级干部，特别是领导干部，要求他们在行使公权时能够公正廉洁，恪守宗旨，勤政为民。在这个过程中，他们应将权力用于民利，情感联结于民众，思考着民众的福祉。综合这四个层面，廉洁文化涉及社会的各个方面，从个体到组织、从职业到政治，每个层面都承载着推动社会公正、透明和高效发展的重要任务。

二、廉洁文化的功能与内容体系

（一）廉洁文化的功能

1. 警示教育功能

廉洁文化涵盖思想道德、职业道德和社会公德等多个方面，其核心在于通过文化的力量，潜移默化地影响人们的思想和行为。廉洁文化的警示教育功能具有强大的震慑力和说服力，表现在对负面案例的严肃惩处对其他人的影响上。与传统的教育方法相比，廉洁文化能够渗入个体的价值观和品德层面。它通过文化的形式，将预防宣传、警示教育与文化渲染相结合，形成一种有效的社会治理机制。在这一机制下，廉洁文化成为惩前毖后、震慑人心的重要载体，对提升社会整体的道德水平和维护社会公正具有重要影响。

2. 宣传教育功能

廉洁文化在现代社会治理中扮演着至关重要的角色，尤其体现在其宣传教育功能上。廉洁文化具有鲜明的现实教育意义，其主要针对公职人员，核心目的是通过思想引导，促使这一群体朝积极健康的方向发展。廉洁文化的发展有助于形成良好的社会风气，并通过文化环境的塑造，引导公职人员将之内化为自我约束的力量。这种力量促使他们向廉洁自律楷模学习，从而践行遵纪守法、廉洁自律的行为准则。通过这种方式，廉洁文化成为维护社会秩序、促进社会和谐的重要工具。

3. 渗透影响功能

作为社会生活的产物与组成部分，文化对人们的行为方式和日常生活具有深远的影响。廉洁文化之所以能够深入人心，源于其在传播方式上的多元化。党课、报告会、警示教育等，为廉洁文化在机关单位的宣传提供了基础平台。而文艺演出、知识竞赛等，则将廉洁文化的理念拓展到日常生活中。这种全方位的文化渗透，使得人们时时感受到廉洁文化的存在与影响。因此，廉洁文化作为一种社会文化现象，在影响人们行为方面展现出了强大的力量。通过多元化的传播渠道和形式，廉洁文化成为引导社会风气、提升公民道德水平的重要力量。

（二）廉洁文化的内容体系

1. 节俭朴素

节俭朴素作为一种价值观念和生活方式，历来被视为廉洁文化的重要组成部分。这种观念强调在社会交往和物质消费中保持一种简约、节制的态度，抑制无节制的物质欲望，倡导理性和有度的生活方式。

在传统文化中，节俭朴素被视为君子的必备品质，它不仅是一种经济行为的体现，更是一种道德修养和精神境界的体现。节俭朴素不是简单的勤俭节约，而是一种对物质和精神资源合理利用与尊重的态度。节俭朴素重视物质资源的合理利用，反对铺张浪费，既体现在日常生活的点滴中，也融入社会治理的各个方面，反映出一种对环境和社会负责的态度。同时，节俭朴素作为一种生活方式，是对个体品德的要求，要求个体在满足基本需求的同时，克制无谓的物质追求，培养淡泊名利的心态。在现代社会背景下，节俭朴素的文化内涵更加丰富和深刻。它既是反对奢侈浪费的具体体现，也是对可持续发展理念的积极响应。倡导节俭朴素，可以有效促进资源的合理分配和利用，对抗消费主义的盲目扩张，从而推动社会向着更可持续和公平的方向发展。

2. 勤于政事

在廉洁文化中，勤于政事是衡量一位公务人员道德水平和能力的重要标准。勤于政事，首先体现在对完善公共事务的不懈追求和持续努力上。这要求公务人员不断深化对国家和社会需求的理解，以及对政治实践的精准把握，有效促进政策的科学制定和公正执行，为社会发展提供坚实的保障。其次，勤于政事体现在不断提高政治素养和专业能力上。公务人员需不断学习、思考和创新，以适应不断变化的政治环境和社会需求。通过提高自身素质，更好地服务公众，从而推动社会的和谐稳定。最后，勤于政事体现在对权力的合理运用上。公务人员应时刻保持清醒的头脑，抵制不良诱惑，确保权力不被滥用。通过树立正确的权力观念，维护政治系统的清廉，提升政府的公信力和民众的满意度。

3. 廉洁奉公

廉洁奉公，本质上是对公务人员行为的规范和道德要求，强调其在职业行为中应保持清廉自律，公正无私。在历史的长河中，廉洁奉公一直是治国理政的重要原则，对构建和谐社会、维护社会正义和公平具有重要意义。廉洁奉公的文化内涵主要体现在以下几个方面。

第一，它要求公务人员在行使公权时，必须摒弃私欲，以公心为重。这既是对公务人员个体道德品质的考验，也是对公共权力运行机制的一种约束。

第二，廉洁奉公体现了对国家和社会利益的高度负责。公务人员的每一项决策和每一个行为，都关系到国家利益和人民福祉，因此，廉洁奉公成为确保这些决策和行为不偏离正轨的关键。

第三,廉洁奉公还与法治精神紧密相连。它要求公务人员严格遵守法律法规,严格规范自己的行为,严守法治红线。在这一过程中,法律是外在的约束,更是内在的自律。

4. 服务人民

服务人民是一种行为准则,更是一种道德追求。它要求公务人员在行为上秉持诚信和公正,将人民的利益放在首位,用实际行动诠释人民公仆的本色。服务人民的概念超越了简单的物质层面,更多地强调精神和道德层面的关怀。也就是说,服务人民既包括对人民基本需求的满足,也包括对人民精神文化生活的关注。这种关注体现在公务人员对民众需求的敏感度、对公共资源的合理分配以及对社会公正的维护上。同时,服务人民是公务人员自我修养的过程。这种修养不仅体现在遵守法律法规上,更体现在超越个人私利,追求社会公共利益上。这种以人民为中心的价值观念,是廉洁文化中不可或缺的一部分。

第三节 高校廉洁文化阐释

一、高校廉洁文化的内涵与特征

（一）高校廉洁文化的内涵

2005年，教育部启动廉政文化进校园和青少年廉洁教育工作，这项工作有利于全面提高青少年学生的思想道德素质。《中共教育部党组关于贯彻落实〈建立健全教育、制度、监督并重的惩治和预防腐败体系实施纲要〉的具体意见》中提出："认真抓好廉政文化进校园工作，促进校园廉政文化建设与学校干部队伍、教师队伍反腐倡廉教育融合互动。"此外，《教育部关于在大中小学全面开展廉洁教育的意见》的颁布，更是标志着廉政文化建设和廉洁教育在教育领域的全面展开。该意见明确了大学阶段廉洁教育的目标和主要内容、方法和途径等具体内容。

高校廉洁文化作为一种特定的文化形态，深植于高等教育的土壤中。它基于社会主义廉政文化与廉洁文化建设的总体要求，融合了高校的具体实践与特色，形成了独特的文化内涵。高校廉洁文化旨在促进管理者廉洁从政、教师廉洁从教、学生廉洁从学，共同构建一个清廉、公正的教育环境。这是一种道德要求，更是一种制度化的规范。它涵盖思想观念、行为规范、规章制度及价值取向，旨在推动高校依法治校、廉洁办学。

（二）高校廉洁文化的特征

1. 引领性

作为思想的宝库和人才培养的摇篮，高校肩负着传授知识、培育人才的重任，同时也是文化创新和精神探索的前沿阵地。因此，高校廉洁文化建设既是对教育本身的深化，也是对社会廉洁文化整体发展的推动。高校廉洁文化是在深入分析社会各领域廉洁文化的基础上，结合高等教育的特点和需求，逐步构建起来的。高校廉洁文化不仅涉及校园内部的诚信教育和行为规范，还涉及通过理论研究与实践探索，为社会廉洁文化建设提供理论指导和实践案例。在不断追求知识更新、文化成果创造的过程中，高校廉洁文化强调理论与实践的结合，注重培育素质全面、品德高尚和社会责任感强的人才。通过这样的方式，高校廉洁文化不仅服务教育本身，还对社会文化的健康发展起到积极推动作用。因此，加强高校廉洁文化建设，不仅有助于推动高校自身的发展，还能够为社会廉洁文化建设提供有力的支持和正面引领。

2. 辐射性

廉洁文化不单是一种规范，更是深植高校文化中的一种精神，能够潜移默化地塑造学生的世界观、人生观和价值观，引导他们形成正确的行为准则和道德观念。这种影响不限于校园内部，更是随着大学生的毕业，辐射至整个社会。廉洁文化从高校向社会的辐射，对推动社会主义廉洁文化建设和发展具有不可估量的价值。

3. 学术性

作为廉洁文化教育的主体，高校集聚了专家、学者等知识群体，他们的专业素养和知识水平，赋予了高校廉洁文化以深厚的学术底蕴。在这种背景下，高校廉洁文化既是一种行为准则的体现，也是一种深入学术研究和思想教育的实践。在高校廉洁文化的构建过程中，师生群体扮演着双重角色。一方面，他们是廉洁文化的践行者，通过弘扬廉洁文化、践行廉洁文化，为校园环境的纯洁与和谐贡献力量；另一方面，他们是廉洁文化的研究者，在学术探究中对廉洁文化的内涵进行深入分析，通过创新思考为廉洁文化的发展注入新的活力。

4. 承袭性

在长期办学实践中，高校形成了独特的价值观念和行为准则，具体体现在作风、传统、观念及行为规范等方面，形成了有别于其他社会群体的团体意识和精神氛围。例如，教师的教育教学观、人才观、知识观等，学生的学习观、生活观、消费观、荣辱观、纪律观等，这些多样且广泛的价值观念成为群体共同的行为准则。这些价值观念和行为准则一经形成，便成为高校文化的组成部分，被历史性地承袭下去，为高校特有的文化环境夯实稳固的基础。在这些观念和准则的引导下，高校文化得以持续发展和传承。当代马克思主义中国化的最新理论成果，对这些文化元素进行了提炼、加工和升华，使之成为社会主义高校廉洁文化的重要内容。这种文化以一种无形的力量，对高校学生产生深远的影响。

二、高校廉洁文化的功能与建设目标

（一）高校廉洁文化的功能

1. 导向功能

高校廉洁文化通过融合廉洁教育于文化建设中，利用其无形、无声的影响力，帮助大学生塑造正确的价值理念和道德观念。在这一过程中，大学生的思想和行为受到规范和引导，从而逐步规范自身行为模式。高校廉洁文化的这种导向功能，对大学生形成正确的世界观、人生观和价值观至关重要。在高校中，廉洁文化成为一种无形的教育力量，影响着学生的思想观念和行为习惯。它不单关乎道德教育的实施，更关乎学生个人品格的塑造和未来发展的方向，具体而言，有助于学生树立正确的人生目标，形成健康的心理状态，进而在社会中发挥建设性的作用。

2. 熏陶功能

高校廉洁文化作为一种潜在的教育力量，深刻影响着学生的思想、情感和内心世界。这种文化熏陶促使学生通过选择教育的方式，逐步完善个人品格。在这个过程中，学生形成了崇尚廉洁的观念和积极向上的精神。因此，高校廉洁文化对学生个性的塑造和心智的成长起着不可或缺的作用，为培养具有高尚道德和较强社会责任感的人才提供了有力支持。

3. 凝聚功能

高校廉洁文化的凝聚功能体现在其所承载的文化体系上。这一体系通过弘扬民主、诚信、公正等社会主义核心价值观，构建了一个共同的精神家园，促使高校管理者、教师与学生之间形成了强大的凝聚力。这种凝聚力既体现在个体对廉洁文化的自觉认同和践行上，也体现在群体间的相互信任、理解和支持上。高校廉洁文化以其强大的感召力，促使师生员工在追求学术卓越的同时，坚守道德底线，维护学术诚信，共同营造一个风清气正的学术环境。这种凝聚功能，对提升高校的整体形象和办学水平，具有不可替代的作用。

4. 约束功能

高校廉洁文化的约束功能体现在规范大学生的行为、培育大学生的道德观念和自我约束能力上。廉洁精神文化能够为大学生提供正确的行为引导，使其在面对多种选择时能够遵循道德规范、遵守法规。廉洁制度文化以党纪、政纪、条规和师德规范为基础，构建了一套完善的制度体系，能够为大学生明确行为界限和行为规范。校园中的廉洁文化氛围如无形之手，对大学生的心理和行为产生持续的影响。在这样的环境中成长的大学生，更容易树立起良好的道德观念，增强自我约束能力。廉洁行为文化作为一种动态文化的存在，直接影响大学生的思想情感和行为方式。大学生在践行廉洁文化的过程中，不仅能提升自己的道德修养，还能加深对廉洁文化重要性的认识。

5. 监督功能

作为"廉洁"特质与"文化"普遍性的结合体，廉洁文化依托文化建设的多样形式与资源，对高校成员尤其是对学生群体产生了显著影响，有利于增强学生的廉洁意识和责任感。在校园内部，每一位成员都被鼓励对不廉洁行为保持警觉，积极、勇敢且有效地进行监督，共同维护高校的廉洁环境。在这一过程中，学生的主动参与和监督行为，为校园廉洁文化的发展奠定了坚实基础。

6. 实践功能

高校廉洁文化的实践功能体现在将廉洁精神与理念内化为行为规范和道德观念上。这种内化过程有利于促进廉洁从政、从教及从学的自觉实践。廉洁文化在高校中的推广，旨在培养每一位学校学员廉洁奉公、诚信守法的意识，将廉洁转化为一种行为习惯，进而形成文化自觉。这种文化自觉不仅体现在理论认知上，还体现在日常学习、工作与生活实践上。如此，廉洁文化不仅是一系列道德规范，还是一种渗入生活、影响行为的实际力量。

（二）高校廉洁文化建设的目标

1. 提高师生的思想道德素质

在多元素质构成中，思想道德素质居于核心地位。若师生在思想道德上存在缺陷，不能正确辨别是非、荣辱、美丑，则人格难以健全，行为亦难以端正。

思想道德素质包括思想观念、价值取向、道德修养和行为习惯等，这些在个体的成长过程中逐渐形成，并在个体的发展中发挥着重要作用。因此，高校廉洁文化建设需要引导师生正确理解世界，妥善对待人生，准确把握生活准则。师生应树立良好的社会公德、职业道德、家庭美德和个人品德，培养奋发向上的高尚道德情操和勤俭节约的传统美德，同时养成健康的生活方式和富有社会责任感的行为习惯。廉洁文化建设要求师生正确处理与他人、集体、社会的关系，促进团结互助、平等友爱、共同进步，形成和谐的校园环境。这不仅有助于促进师生良好品质的塑造，还有助于为社会文明的进步提供有力支撑。

2. 增强师生的廉洁自律意识

廉洁自律不仅是道德要求，还是中华民族传统美德的体现，如克己奉公、修己慎独等。廉洁自律意识对高校管理者、教师与学生而言，是必备的品德素质，它关乎个人与他人、个人与群体的关系处理。在高校中，廉洁自律是拒腐防变的首要防线，因此，培养与增强廉洁自律意识，对高校廉洁文化建设具有重要意义。

在面对各种诱惑和挑战时，高校师生需要具备坚定的自律意识。对教师而言，廉洁从教和师德师风建设尤为重要。作为学生的榜样，教师的道德情操、教育理念和行为举止，对学生有着深远影响。因此，应着重培养教师的廉洁自律意识，给学生做好榜样。学生作为高校教育的主体，其理想信念、价值观念、道德修养和廉洁操守的培养同样重要。高校应通过多元化的教育手段，引导学生树立正确的人生观和价值观。除了课堂教学，还应开展课外活动、社会实践等，让学生在实践中深化对廉洁自律的理解，并内化于心，外化于行。

3. 营造校园廉洁文化氛围

校园廉洁文化氛围不是自然形成的，而是通过一系列廉洁文化创建活动营造的。校园廉洁文化氛围的形成，是高校廉洁文化建设不断深化的必然结果。在这个过程中，校园内部逐渐形成对廉洁文化的共识，这种共识进一步转化为学校成员对廉洁文化的追求。这种追求的形成，对促进校园文化建设和师生道德水平提升具有积极影响。

高校廉洁文化建设需要严格落实党中央关于党风廉政建设和反腐败斗争的指导方针，建立健全高校内部惩治和预防腐败的体系。学术领域应大力弘扬优良学术道德，维护学术规范，对学术不端行为如弄虚作假、抄袭等予以严厉打击。此外，教学领域应提倡严谨治学、廉洁从教的良好教风，杜绝敷衍、消极、得过且过等不良风气。在行政管理层面，应增强责任意识，推崇奉献精神，优化机关工作作风。对于利用职权谋私的行为，必须严厉查处。对于大学生，应加强校风、学风建设，开展诚信、纪律教育。将廉洁教育融入教学和后勤服务的各个环节，确保教育过程的清正廉洁、公平正义。高校应积极弘扬廉洁文化，抵制社会腐败现象及腐朽文化对师生的侵蚀，用积极向上、清正廉明的文化丰富学生的精神世界，塑造健康向上的校园文化。

高校可以通过多种方式营造廉洁文化氛围。例如，召开廉洁从政讲座、廉洁从教报告会，向师生传达清廉理念，增强师生的反腐倡廉意识。举办大学生廉洁从学演讲比赛与廉洁文化知识竞赛，不仅能够增强学生的廉洁意识，还能深化学生对廉洁文化内涵的理解。廉洁文艺晚会、廉洁小品大赛等活动，能够以轻松愉悦的形式，丰富校园文化中廉洁的内涵。这些全方位、多层次的活动，有利于营造浓厚的校园廉洁文化氛围。这种氛围的营造，对促进学校的建设与发展具有重要意义。

第二章　高校廉洁文化建设基本论述

第一节　高校廉洁文化建设的主要原则

一、突出重点、区别对待和营造氛围、潜移默化的原则

突出重点、区别对待原则旨在增强高校廉洁文化的实效性和针对性；营造氛围、潜移默化原则旨在开展各类廉洁文化活动，从而使师生处于廉洁文化的熏陶中。对这两个原则的有效遵循有助于引导师生自觉培养廉洁意识，遵守正直的行为准则，从而形成积极健康的校园文化环境。

（一）突出重点、区别对待的原则

高校廉洁文化建设，秉持突出重点、区别对待的原则，是对马克思主义世界观的具体实践。在高等教育机构中，实施该原则意味着廉洁文化建设应关注实际情况和重点问题，并有区别地处理不同性质的情况和问题。这是遵循"两点论"和"重点论"的体现，是处理不同矛盾的有效方法。这种方法的核心在于识别和关注关键问题，而非一味追求均衡或专注于某一个方面。

高校廉洁文化建设需要紧密结合实际情况，注重对关键人物和关键领域的管控，同时根据情况的发展不断调整和完善相关措施，以促进高校健康、有序的发展。首先，廉洁文化建设主体的重点是拥有一定公共权力的高校管理干部和关键岗位人员。他们往往享有特定的决策权利，因而容易受到外在利益的诱惑。在此背景下，加强对这些人员的廉洁教育和监督管理尤为重要。制度化的教育和严密的监管，可有效防止不当行为的发生，确保教育资源配置的公正与透明。其次，工作领域的重点

是资源配置权力较大的部门，如基础建设、招生录取、物资采购、财务管理、人事安排等均是廉洁文化建设的关键领域。这些领域的运行情况直接关系到学校整体形象和教育质量。因此，加强制度建设，加大监管力度，从源头上防范和处理不当行为，对提升高校的廉洁水平至关重要。最后，工作重点应根据形势发展和实际需求调整。高校需要针对新出现的情况、新领域的挑战和新问题，及时调整和完善廉洁文化建设策略。

除了突出重点，廉洁文化建设还应针对不同群体，采取差异化的策略。具体来讲，对于高校管理层，应重点开展理想信念教育、廉洁从政教育及警示教育。这些教育重在构建坚实的思想道德和纪律法规防线，确保管理层能够以身作则，树立良好的榜样。对于教师群体，应加强师德师风建设，提升教师的学术道德水平，倡导严谨的学术态度和清廉的教学风格。教师作为知识的传播者，其廉洁从教的行为会对学生产生深远的积极影响。大学生作为高校文化建设的重要组成部分，应接受系统的廉洁从学教育。这是培养具有社会责任感和高尚品格的优秀人才的关键。教育应引导学生在思想道德上完善自我，形成积极向上的人生态度。

（二）营造氛围、潜移默化的原则

高校廉洁文化建设的核心在于利用文化的力量，实现道德的内化与人格的塑造。在这一过程中，营造相应的文化氛围，通过潜移默化的方式对师生进行影响、陶冶与教化，成为重要的目标。文化氛围的营造需要依托特定的载体，在高校中，文化载体形式多样，包括校刊、校报、校园网、广播台、宣传栏等，为廉洁文化的传播提供了便利。为了有效地营造廉洁文化氛围，高校需要充分发挥媒介宣传的优势，通过上述文化载体传播和弘扬廉洁文化。高校还需要积极开展各类校园文化活动，如征文比赛、演讲比赛、知识竞赛、书画展览、影视展播等。这些活动，可以将校园文化建设与廉洁文化建设紧密结合,丰富校园廉洁文化的内涵,为师生营造一个崇尚廉洁的文化环境。在这一过程中,坚持建设性与破除过时观念相结合至关重要。这意味着高校需要正确把握舆论导向,大力宣传积极典型,同时对各种消极和颓废的思想文化进行抵制和清除。

氛围的营造与潜移默化效应之间呈因果关系。因此,在高校廉洁文化建设中,营造积极的文化氛围成为影响师生内心和行为变化的关键因素。潜移默化强调了影响过程的隐蔽性与无声性,即师生的思想观念和行为习惯在无形的文化熏陶下逐渐发生变化。高校应致力搭建具有教育意义的廉洁文化平台,通过开展多样化的廉洁文化教育活动,引导师生树立正确的价值观。高校还应开辟廉洁文化的舆论阵地,通过校园媒体等渠道普及廉洁文化的相关知识,形成全校师生共同参与的良好氛围。这种氛围能够深化师生对廉洁文化的理解,增强师生内在的道德自觉。在实践中,廉洁文化建设应通过各种教育活动和实践机会,让师生在实践中学习、在学习中实践,从而达到培养高尚情操、增强廉洁意识的目的。

二、以人为本、注重教育和服务大局、统筹协调的原则

以人为本、注重教育原则强调学生在高校廉洁文化建设中的核心地位,认为学生既是廉洁文化教育的接受者,也是廉洁文化教育的推动者和实践者。这一原则要求高校在廉洁文化建设中,重视对学生的教育和引导,培养学生高尚的品德和道德情操。服务大局、统筹协调原则则着眼于廉洁文化建设与学校整体发展的融合。廉洁文化建设不应孤立于学校的其他发展计划之外,而应与学校的整体建设和发展战略相结合。这样能够整合校内外的资源和力量,共同推进廉洁文化建设和学校的发展。

（一）以人为本、注重教育的原则

以人为本要求高校深入了解并满足师生的需求，尊重他们在廉洁文化建设中的主体地位，充分激发他们的积极性、主动性和创造性。这不仅涉及教育方法的创新，还涉及教育载体的多样化。高校廉洁文化建设积极争取师生的支持与参与，是确保廉洁文化深入人心的关键。通过多层次、全方位、宽领域的教育活动，高校可以有效地弘扬良好的教风、学风，为师生提供一个廉洁、健康的育人环境。这个环境有利于提高师生的道德水平，培养他们全面发展的能力。以人为本还要求高校建立包括精神文化、制度文化、行为文化和环境文化在内的廉洁文化体系。此举旨在增强师生的文化自觉性和廉洁自律意识。以人为本的实践还应聚焦学生的健康成长，明确廉洁文化建设的根本目的。这包括引导学生树立正确的理想信念、道德观念，增强法治意识和社会责任感。

教育的作用和高校的特性决定了注重教育的必要性。正确的思想观念是实践成功的保障，而思想观念出现偏差可能导致行为失范。在高校中，理想信念的动摇、思想道德的滑坡及人生价值观的错位，往往是教职员工行为规范的深层次原因。因此，构建思想道德防线，必须着重解决思想层面的问题。廉洁教育对高校教职员工，尤其是管理干部而言，具有重要意义。廉洁教育能够帮助他们树立正确的思想观念，抵御不良思想的影响及利益的诱惑。在思想层面构筑防线，是防止失范行为的关键。"教育者要先受教育，这既符合基本教育规律，也具有可行性和针对性，有利于巩固教育系统拒腐防变的思想道德防线。"[1] 由此可见，教育者自我提升、增强廉洁意识的重要性与必要性。因此，高校应重视岗位育人、教书育人、服务育人，将实际行动与教学内容相结合，培养师生的廉洁意识。高校廉洁文化建设应聚焦育人环境的优化，廉洁氛围的营

---

[1] 田淑兰.清风廉语：关于教育纪检监察工作的实践与思考[M].北京：人民教育出版社，2009：397.

造。通过举办主题教育，师生的价值理念能够有效强化，使廉洁转化为一种行为习惯和文化自觉。对于大学生而言，廉洁教育需要紧密结合其思想实际，强调正面引导，引导学生形成正确的价值判断。在整个教育过程中，继承与创新并重亦是关键。高校应继承并发扬优秀的传统廉洁文化，同时也要吸收和借鉴优秀的廉洁文化成果，赋予其新的时代内涵。

（二）服务大局、统筹协调的原则

服务大局强调从大局出发思考、决策与处理问题。高等教育处于加快发展、提升质量的关键时期，故高校廉洁文化建设需要紧密围绕学校工作中心，全力支持、维护、促进教育事业的发展。具体来讲，高校廉洁文化建设应紧扣学校改革与发展的实际，有效化解内部矛盾，健全相关制度，从而保障教育工作者在改革发展中的积极性、主动性和创造性。制度建设在高校廉洁文化建设中扮演着关键角色。创新体制机制，紧抓关键环节，解决突出问题，可达到标本兼治的效果。

统筹协调原则强调解决问题时，需要全面考虑、科学规划、协调各方利益，以确保各项任务的有效完成和目标的顺利实现。在高校中，廉洁文化建设作为一项系统工程，其成功实施需要依赖校内各方力量的整合和统一领导的强化。具体而言，应将廉洁文化建设纳入党风廉政建设责任制的分工体系，确保责任落实到每一位党委班子成员和各职能部门。这种做法能形成有效的工作格局。在此过程中，高校纪委扮演着至关重要的角色，需要协助党委在组织协调、责任分解、资源集聚、督导实施等方面发挥作用。同时，高校需要将廉洁教育纳入党委宣传教育工作的总体部署，并协调相关部门履行职责。各级党组织、行政管理部门、学生事务部门等都应充分发挥各自优势，共同推动廉洁文化建设。此外，师生群体的积极参与同样不可或缺，他们能够为廉洁文化建设提供坚实的群众基础。在推进廉洁文化建设时，高校应坚持全面推进与重点突破相结合的策略，即在保证廉洁文化建设全面发展的同时，要关注在特定时间、地点和条件下的重点突破。这种策略有助于达到以点带面的效果，有序推动廉洁文化的深入发展。

三、继承创新、与时俱进和重在建设、务求实效的原则

继承创新、与时俱进原则，指在继承传统优秀文化的基础上，积极吸收新时代的思想文化成果，不断更新廉洁文化的内涵和形式。而重在建设、务求实效原则，强调建立和完善长效机制，确保廉洁文化建设成果具有深远影响。

（一）继承创新、与时俱进的原则

继承与创新成为推动高校廉洁文化建设向前发展的双重引擎。继承，意味着要深入挖掘并珍视传统文化中的廉洁元素，如廉文、廉诗及名言警句等，这些是精神文化遗产的重要组成部分。创新则是赋予高校廉洁文化新的时代内涵与特色的关键。这要求高校在廉洁文化的建设过程中，不断探索，结合时代发展的新要求，为廉洁文化注入新的生命力。因此，高校廉洁文化建设应致力将传统与现代相结合，既重视历史文化的传承，又注重创新发展，确保廉洁文化建设与时俱进，充满活力，在新时代展现更大的价值。

在继承中实现创新，在创新中取得突破，在突破中获得提升，是高校廉洁文化建设的必由之路。随着时代的发展和社会的进步，高校廉洁文化建设面临着新情况、新矛盾、新问题。应对这些挑战，高校应不断更新观念，跟上时代的步伐。这要求高校廉洁文化建设与时代同步，不断地探索和发展。为了保持与时俱进，高校廉洁文化建设需要体现时代性，把握规律性，富于创造性。在这个过程中，高校工作者以及学生应展现出紧迫感和奋发向上的精神状态，用新理念、新思维、新方法、新

途径推动高校廉洁文化建设的发展。

(二)重在建设、务求实效的原则

廉洁文化建设需要贴近高校的具体实际,设定切实可行的目标和工作重点,明确实施的方法和步骤,制订详细的实施方案,对工作任务进行分解,确保每一项任务得到有效执行,避免形式主义。高校廉洁文化建设应与学校的党建工作相结合,与教学、科研及管理等业务活动相融合,通过深入开展教育活动,营造尊廉贬贪的文化氛围。此外,高校应采用建设性的思路和举措,推进廉洁文化建设,完善反不正当行为的教育、监督、预防以及惩戒制度,增强制度的执行力。高校廉洁文化建设还需要秉持改革的精神不断推进,借助创新的思路探索更加有效的方法和路径。在此过程中,教育的监督作用、预防作用及惩戒作用应被充分发挥,这不仅有助于构建良好的校园文化氛围,还有助于推动高校的长远发展和社会的整体进步。

务求实效原则强调求实与求效的统一。求实侧重于实事求是、真抓实干的态度和方法,尊重高校的实际情况与文化建设的内在规律。在廉洁文化建设中,高校应充分调动教师与学生的积极性,寻找新时期文化建设的新思路、新途径、新方法。这不仅是理论上的探索,还是实践上的创新。求效则强调文化建设的实际成效,旨在使廉洁形成一种文化理念、行为习惯和文化自觉。在这一过程中,高校应着重在遏制不良风气的滋生与蔓延上下功夫,以及在树立师生廉洁形象上下功夫,维护师生根本利益,保持校园和谐稳定。在这个过程中,高校应构建具有特色的廉洁思想文化体系,为构建社会主义和谐校园奠定基础。高校廉洁文化建设既是内部管理的要求,又是一项向外界展示文化态度和价值观的工作。高校廉洁文化建设的推进,将使高校成为社会廉洁文化的重要生长点、孵化器和辐射源,从而为社会廉洁文化的传播与发展做出贡献。

第二节 高校廉洁文化建设的价值体现

一、高校廉洁文化建设是高校构建和谐校园的现实之需

构建和谐校园的核心在于和谐文化的营造。和谐文化是校园和谐的思想基石,而廉洁文化是和谐文化的重要内容。高校在构建和谐校园的过程中重视廉洁文化建设,是提升教育质量和校园文化水平的关键。廉洁文化建设的推进,有助于引导师生树立正确的价值观,为构建和谐、积极向上的校园环境提供坚实保障。

(一)高校构建和谐校园的思想基础

高校廉洁文化建设对构建和谐校园具有重要意义。廉洁文化不仅体现在校园的物质环境中,还深刻地反映在师生的思想中。因此,高校廉洁文化建设应针对管理层、教师、学生不同的角色,提出具体的廉洁文化要求。这些要求并不是孤立的,而是与构建和谐校园的目标紧密相连的。高校廉洁文化建设促进了校园的内在和谐,也提升了学校的正面形象和影响力。

高校管理层的廉洁从政既在于遵守法律法规,又在于以身作则、公平公正的行事方式,这有助于营造一个管理高效、运转协调的校园环境。教师群体的廉洁从教,既是职业素养的体现,又能对学生起到榜样作用,促进科学追求和教学质量的提升。学生的廉洁学风,则是校园文化中不可或缺的一环,涵养了学生的个人品质,也为校园环境的和谐发展奠定了基础。创新载体与环境的净化是廉洁文化建设的重要方面。营造团结

互助、相互信任的氛围，不仅能够提升校园环境的美感和打造文化环境，还能够为校园成员之间的和谐相处提供良好基础。

（二）高校构建和谐校园的道德前提

高校廉洁文化建设不仅涉及思想约束，也涉及道德规范。因此，管理层、教师及学生群体均需具备高尚的道德情操。

管理层应秉持清廉自律、公正无私的原则，勤俭务实的态度，为师生服务。这有助于增强校园的凝聚力和向心力。教师作为传播知识和文明的重要力量，其职业道德的重要性不言而喻。他们在传授知识的同时，需要秉持敬业求实的态度，不断创新教育教学方法。教师对学生的全面关怀和引导，会在品德方面对学生产生深远影响，从而促使学生在品德上获得提升。学生作为校园文化的主体，应勤奋学习，遵守法律法规，团结协作，关心集体，并展现出良好的社会公德。这样不仅有利于个人发展，还对营造诚信、友爱、互助、和谐的校园环境具有积极作用。

（三）高校构建和谐校园的价值导向

廉洁自律有利于引导教育工作者和学生树立正确的价值观，促使他们作出正确的价值选择。因此，廉洁文化建设在高校构建和谐校园方面扮演着重要角色。[1]

和谐校园的构建需要协调校园内的各种利益关系，确保矛盾得到妥善处理，实现校园内的公平与正义。[2]为维护校园的公平正义，加强廉洁文化建设尤为关键。通过廉洁文化建设，高校能够引导教职工和学生坚

---

[1] 张国臣.论廉洁文化建设在高校发展中的作用[J].学校党建与思想教育，2010（19）：13-15.

[2] 周善兴.构建和谐校园，增强综合实力：关于构建和谐校园的几点思考[J].中国基础教育研究，2006，2（6）：4-7.

持公平正义的价值取向，营造一个每个成员都享有平等机会的良好氛围。廉洁文化建设还涉及校园文化的多方面改革，包括加强制度建设，确保校园管理的透明度和公正性，以及提升教职工和学生的道德水平。通过多方面的改革，高校能够在维护内部稳定和促进学术研究的同时，为社会输送具有高尚品德和责任感的人才。

高校构建和谐校园的核心在于坚持以师生为中心，将促进其全面发展和素质提高作为出发点和落脚点。坚持以师生为中心涉及最大限度地调动和激励师生员工的积极性、主动性和创造性。除了要加强廉洁文化建设和师德师风建设，还要引导教师廉洁从教、淡泊名利、专注教书育人。在此基础上，学校应大力提倡和鼓励创新精神，倡导互助合作、公平竞争，引导学生治学修身，坚持正确的价值取向，从而激发学生勤奋好学、廉洁从学的积极性。高校构建和谐校园的价值导向，既是廉洁文化建设的主要目的，也是构建社会主义和谐校园的必然要求。①

二、高校廉洁文化建设是高校建设和发展的长远之基

高校廉洁文化建设是促进教育事业健康发展的关键因素。廉洁文化建设着重于营造积极的环境，健全制度，科学管理以及规范行为，并在此过程中，弘扬正气和抵制诱惑。这有助于推动教育机构内部环境的持续优化，推动其长远发展。

（一）高校管理水平提高的必然选择

高校廉洁文化建设对提升高校管理水平具有重要意义。随着社会的发展和高校规模的扩大，高校不可避免地会面临管理的复杂化，如新情况、新问题的出现。在这种情况下，科学民主的管理方式尤为重要。高

---

① 张银霞.试论如何抓好高校廉洁文化建设[J].法制博览（中旬刊），2012（4）：210.

校管理的优劣直接影响到学校改革、发展和稳定,与和谐校园建设成效密切相关。在此背景下,管理水平的提升就成为高校发展的关键。廉洁文化在高校管理中的地位不容忽视。廉洁文化建设能够有效地武装管理者的思想,提升其素质,这对高校的健康发展至关重要。

廉政文化建设可以在校园内形成严格的监督体系,确保管理者在思想和行为上受正确价值观念的引导。增强"知耻""慎独""自警""自省"的意识,能够促使管理者在日常工作中不断自我完善与进步。此外,廉洁文化建设有助于推动管理工作的人性化发展,营造团结、融洽、和谐的校园人际环境。管理的民主化是廉洁文化建设的重要方面。在管理实践中,尊重民意、广集民智、建立全员参与的民主管理和监督机制,不仅有助于增强管理的有效性,还有助于增强师生对学校决策的认同。

(二)深入推进党风廉政建设的重要举措

高校廉洁文化建设作为深入推进党风廉政建设的重要举措,对促进教育领域的健康发展具有不可或缺的作用。[①] 廉洁文化涵盖廉洁精神、道德、准则等多个方面,对提升学生以及教育工作者尤其是管理者的精神境界发挥着重要作用。加强廉洁文化建设,有助于引导校园各群体特别是管理层,自觉严格要求自我,增强廉洁自律意识,掌握有关廉洁的知识,从而加强对党风廉政建设和反不正之风工作的支持,为校园营造更加健康、和谐的环境。廉洁文化建设的加强,不仅体现在规范和准则上,更渗入校园文化的内核,成为学术诚信和校园道德建设的基石。此外,廉洁文化建设是高校长远发展的基础。它不仅能提升校园各群体的道德水平,而且能为高校的稳定发展提供保障,促进学术研究和教育教学工作的顺利进行。

---

① 戴月波,徐玉生.高等教育廉洁文化建设的基本内涵及重要意义[J].新疆大学学报(哲学·人文社会科学版),2015,43(1):24-27.

（三）营造风清气正的发展环境

高校廉洁文化建设深植于社会主义核心价值体系，承载着传承学校优秀文化的使命，同时展现出鲜明的时代特点，体现了中国先进文化的基本特征。[①]高校廉洁文化的核心在于通过科学理论的普及、正确舆论的引导、高尚精神的塑造以及优秀作品的激励，构建一个具有社会主义特色、时代特征和校园特色的廉洁文化体系。在此过程中，廉洁教育与校园文化建设的结合尤为重要。这涉及社会公德、职业道德、家庭美德、个人品德和法纪教育的融合，以及将廉洁理念、思维和精神力量融入校园思想政治工作、教学科研、后勤服务的全过程。通过这种方式，高校廉洁文化不仅成为一种理念或精神，而且转化为全体师生共同遵守的行为规范和刚性要求，从而在校园内形成优良的校风、教风和学风。高校廉洁文化建设还应着眼于提高师生的价值判断能力，培养正确的价值取向，反对个人主义和物质主义倾向，抵制不良文化的影响。[②]在这个过程中，管理者、教师、学生各司其职，共同构建和维护校园的廉洁文化体系，从而营造廉洁清正、和谐守法、风清气正的校园环境。

三、高校廉洁文化建设是高校培养人才的内在动力

廉洁文化在高校中扮演着至关重要的角色，它不仅是中华优秀传统文化的重要内容，也是培养高素质人才的关键因素。高校廉洁文化建设的加强，有助于营造良好的学术氛围和教育环境，为中国特色社会主义事业培养更多高素质的专业人才。

[①] 左向蕾，陈星宇.以社会主义核心价值观引领高校廉政文化建设[J].今日南国，2017（9）：63–64.

[②] 祝光英.大学校园廉政文化建设需要妥善处理的几个关系[J].中国高等教育，2011（18）：44–5.

第二章　高校廉洁文化建设基本论述

（一）助力高校学生思想政治素质的提升，为人才培养奠定基础

改革开放及社会主义市场经济的不断发展与完善给经济社会领域带来了深刻变化，这些变化对高校学生的思想政治素质产生了直接影响。面对多元化的经济成分、组织形式、就业形势、利益关系，高校学生思想活动的独立性、选择性、多变性和差异性不断增强。这一方面有助于学生增强自强、创新的意识，另一方面也带来了不可忽视的负面影响。资本主义国家的自由化思潮和享乐主义观念对一些高校学生产生了影响，导致他们的主体意识急剧膨胀，出现了极端的个人主义、利己主义、功利主义和享乐观念。这些观念的滋生，造成了学生在政治信仰、理想信念、价值观念、诚信意识、社会责任感以及心理承受能力等方面存在不同程度的问题。[1]

在这样的背景下，高校加强廉洁文化建设对提高学生的思想政治素质尤为重要。加强廉洁文化教育，可以有效地引导学生树立正确的价值观，增强社会责任感和集体荣誉感。通过开展廉洁教育、法治教育、诚信教育，高校可以有效地提高学生的思想政治素养。尤其是在营造廉洁氛围方面，高校应充分发挥廉洁文化教育的导向功能、熏陶功能和约束功能作用，引导学生树立正确的思想观念，培养学生的廉洁理念和廉洁意识。高校加强廉洁文化建设，有助于规范和影响学生的态度和行为。通过加强廉洁思想的培育，学生能够养成自我调节、自我约束、自我培养的良好品质。[2] 这有助于增强学生辨别是非的能力，传承和发扬"勤俭节约、艰苦奋斗"的优良传统。此外，高校加强廉洁文化建设还有助

---

[1] 童乐廷.加强思想政治教育 引导大学生勤奋学习[J].齐齐哈尔职业学院学报，2007（1）：69-71.

[2] 徐精鹏，沈蓓绯，蒋建宏.核心价值观视域中高校廉政文化建设的理论思考与实践探析[J].科教文汇（中旬刊），2016（29）：3-5.

于克服享乐主义，杜绝铺张浪费，培养学生务实和勤俭节约的优良品质。通过这些措施，学生能牢固树立正确的世界观、人生观、价值观，实现综合素质的全面提升。

（二）增强教职工的职责意识，促进学生成长成才

教职工作为高校的重要组成部分，与学生互动密切，他们的言行、态度和价值观对学生的影响是直接且深远的。因此，增强教职工的职责意识尤为重要。教职工的行为不仅反映个人品德，更影响学生价值观的培养。

教师对学生的影响具有潜在性、持久性和立体性。教师不仅要教授学生学术知识，更重要的是引导学生学会做人，提升思想境界。为此，高校应在教师群体中开展廉洁教育，加强廉洁文化和师德师风建设，以此提升教师的道德修养。[①]教师的育人职责要求他们持续学习新知识，不断提高教育教学能力，以满足不断变化的教育需求。同时，教师应深刻体悟自身所肩负的工作责任，认识到自身在学生心智、品德形成过程中的重要作用。教师还应以自身的行为和品质影响学生，成为学生学习和效仿的榜样。

党政管理者既是学校工作的组织者，也是廉洁文化建设的关键力量。他们的价值观念、精神理念及管理水平，对营造积极向上的校园氛围，影响深远。[②]首先，党政管理者应树立并传递正确的从政道德观，这体现在坚定的理想信念和法治观念上。当党政管理者能够以身作则、公平公正地开展管理工作时，他们就能为教师和学生树立积极的榜样。其次，党政管理者需要认真贯彻以人为本的管理理念。这意味着党政管理者要

---

① 叶红秋.高校师德师风建设的价值与途径探析[J].辽宁师专学报（社会科学版），2023（2）：119-121.
② 田宝庆,苗斌.以身作则 勤政廉洁：建设高职院校管理干部廉洁从政文化[J].青年与社会，2013（10）：308.

为教师和学生提供优质的服务，关注他们的学术成长和个人发展。通过这样的方式，党政管理者能够在校园内营造健康、和谐的学习和生活环境。最后，党政管理者应勤奋敬业，合理使用手中的权力。通过这种廉洁自律的行为，党政管理者能在教师和学生中产生强大的示范效应，从而促进学校廉洁文化建设。

辅导员既是教育者也是管理者，他们的行为举止、价值观及人生态度对学生影响深远。因此，辅导员队伍的廉洁文化建设，应从政治素养、业务能力、纪律观念和作风建设四个方面着手。政治素养的提升是廉洁文化建设的基础。辅导员需要具备坚定的政治立场，这不仅是他们职业素质的重要组成部分，还是引导学生树立正确的世界观、人生观、价值观的前提。业务能力的提高是廉洁文化建设的关键。辅导员应不断丰富自身的专业知识，提升专业技能，以确保在学术和思想教育方面有效引导学生。纪律观念的增强是廉洁文化建设的保障。辅导员应严于律己，以身作则，树立良好的师德形象。作风建设是廉洁文化建设的实践途径。辅导员应树立良好的工作作风，注重与学生的互动交流，了解并解决学生在成长过程中的问题。通过以上措施，辅导员可以在思想政治教育方面有效引导学生，提高学生的思想道德水平。

（三）有利于培养社会需要的高素质人才

高校培养人才的根本目标是培育能够为社会作出贡献的优秀人才。在这一过程中，高校必须以社会主义核心价值体系为引领，开展廉洁文化建设活动，确保人才培养的正确方向。关于人才培养的核心问题——培养什么人、怎样培养人——高校需要坚持育人为本、德育为先的办学理念。[①] 这不仅意味着高校要向学生传授科学知识，还意味着要对学生的

---

① 康宇. 高校廉洁文化建设在大学生思想政治教育中的功能与实现 [J]. 佳木斯职业学院学报，2016（7）：118–119.

体魄、道德素养、创新精神和民族情怀进行全面培养。这有利于培养出既掌握现代化建设所需的丰富知识和扎实本领，又具有高尚思想品质和良好道德修养的人才。

在当前经济社会快速发展的背景下，高校学生作为国家未来党政管理干部的重要人才库，其思想政治素质直接关系我国党政管理队伍的整体质量。因此，高校廉洁文化建设不仅是高校的重要组成部分，更是国家人才培养战略的关键所在。在建设廉洁文化的过程中，高校需要将廉洁文化的理论内涵和社会道德规范融入培养学生的全过程，引导学生形成正确的世界观、人生观和价值观。在具体实施过程中，高校应注重将廉洁教育融入日常教学和学生生活的各个方面。例如，在课堂教学中，应当将廉洁文化相关内容纳入课程体系，使学生在学习专业知识的同时，接受廉洁教育的熏陶。在实践方面，高校应通过开展丰富多彩的廉洁文化活动，如主题讲座、廉洁教育周等，丰富学生的实践体验，使廉洁文化教育深入人心。在培养学生的道德情感和理想信念方面，高校也应下足功夫，以培养学生的道德情感为途径，有效增强学生的社会责任感和历史使命感，使学生成为能够抵御不良诱惑，清正做人、认真做事的人。

第三节　高校廉洁文化建设的体制机制

一、加大投入力度，形成规范有效的保障支撑机制

高校廉洁文化建设的关键在于加强体制机制建设，确保文化自觉的形成与提升。在这个过程中，责任领导应加大精力投入，贯彻"一岗双责"原则，同时完善制度，为廉洁文化建设奠定坚实基础。此外，高校应保障充足的人力、财力及物力支持，以确保廉洁文化建设的有效推进。

（一）宣传教育投入——高校廉洁精神文化建设保障机制

高校廉洁精神文化建设关乎学校的精神风貌。廉洁精神文化作为高校文化建设的重要组成部分，具有独特的价值和重要意义。在塑造师生的思想品格、理想信念方面，廉洁精神文化具有不可或缺的作用。高校党委、行政部门需要重视并加强对廉洁精神文化建设的投入和支持力度，确保廉洁文化在高校的全面融入。

高校需要将廉洁精神文化建设与党的建设、思想政治教育、道德教育、教学科研紧密结合。通过这种方式，廉洁文化能够更深入地影响师生。高校还需要创新宣传教育方法，充分发挥在宣传教育领域的优势，使廉洁文化教育活动多样化、具有针对性，从而增强廉洁文化的渗透力和影响力。高校廉洁精神文化建设应注重对党政管理干部的作风建设。通过强化干部队伍的廉洁自律，为师生树立正面榜样，从而增强廉洁文化教育的实效。加强师德建设是廉洁精神文化建设的关键环节。优良的

师德不仅是高校教育质量的保障，也是高校廉洁精神文化的重要体现。高校应通过完善的教育机制，不断提升教师队伍的整体素质，从而促进廉洁精神文化建设。总的来说，高校应建立健全相关制度，确保廉洁精神文化教育的经常化和系统性，从而形成长效机制，为高校廉洁文化建设奠定坚实基础。

（二）责任领导精力投入——高校廉洁制度文化建设保障机制

廉洁制度文化是制度与文化的有机融合，旨在通过制度的力量与文化的影响，构建正确的行为准则和价值观念。制度层面确保行为规范，文化层面则培养内在的自觉遵守精神。在此过程中，廉洁制度文化的构建不限于制度的制定与执行，更重要的是将廉洁文化理念深植制度中，使之在高校的日常管理与教育实践中生根发芽。通过这种方式，廉洁文化的渗透力和感染力得以在高校的各个层面体现，从而增强师生对廉洁制度的认同感，以及执行这一制度的自觉性。通过建立健全保障机制，高校能够形成一种全体成员共同遵守、敬畏并维护廉洁制度的良好氛围。这种文化自觉不仅体现在高校内部管理与日常运作中，还会通过毕业生传播至社会的各个角落，为社会整体的清正风气和文化建设贡献力量。

高校廉洁制度文化建设的关键在于确保廉洁精神、行为及环境文化的顺利形成。为此，高校需要强化各级领导的责任担当，确保责任落实，实现全面管理和协同推进。各级党政管理干部应发挥模范作用，承担起引领廉洁文化建设的责任。按照"谁主管，谁负责"的原则，高校领导参与廉洁制度的研究和制定，深化师生对制度的认识，并将其转化为自觉的行动准则。此外，加强对廉洁制度文化执行情况的监督，严肃查处违反规定的行为，是确保制度有效性的关键。[1] 在师生中树立制度面前人

---

[1] 王伟. 深入开展高校反腐倡廉建设 [J]. 中国监察, 2008（18）: 6–8.

人平等、无特权、无例外的观念，引导他们认真学习、严格执行、自觉维护制度。①

（三）人力资源投入——高校廉洁行为文化建设保障机制

深化高校廉洁行为文化建设的重点在于使教职员工和学生养成良好的行为习惯，这不仅涉及廉洁从政、廉洁从教，还涉及学生的廉洁从学。为实现这一目标，建立规范有效的保障机制尤为关键。

加强廉洁教育，为高校内的所有成员提供正确行为方式的指引。这包括对干部、教师和学生的不同教育策略，确保他们能够树立和维护廉洁文化。廉洁教育的有效实施，需要通过各种形式和渠道，如专题讲座、研讨会、培训班等，来拓展其深度和广度。高校需要制定和实施严格的行为规范，对教职员工和学生的行为进行约束和规范。这些规范不应是一纸空文，而应成为高校文化的重要组成部分，体现在日常的教学和管理中。规范的制定和实施应当考虑到高校的实际情况，确保其既有操作性又能有效达到预期目标。此外，组织丰富的廉洁文化活动，对教职员工和学生养成良好的行为习惯至关重要。这些活动可以包括主题活动周、文化节、讲座、比赛等，旨在通过生动活泼的方式，加深教职工和学生对廉洁文化的理解和认同。

高校廉洁行为文化建设是实现教育现代化的重要环节，关系到高等教育事业的健康发展。在此背景下，加强纪检监察机构建设，是确保高校廉洁行为文化建设有效推进的关键。高校需要深入领会中央关于纪检监察机构的重要指示，确保机构、编制、人员、经费和工作条件得到充分保障。具体来讲，高校应依据政治坚定、公正清廉、纪律严明、业务精通、作风优良的原则，精心选拔和培养纪检监察干部。优化干部队伍结构，能够有效提升纪检监察干部的综合素质，从而更有效地推进高校

---

① 武晓琳. 全面从严治党的历史发展研究[J]. 新西部, 2018（3）: 99–100, 124.

廉洁文化建设。高校应重视纪检监察干部的培养、教育和选拔，不断加大教育培训力度，以提高干部队伍的专业能力和水平。高校可通过系统的培训和实践，培育一支既了解高等教育规律，又具备廉洁行为文化建设能力的专业队伍。同时，高校还需要培养一批乐于奉献、敢于实践的廉洁文化建设骨干，确保廉洁行为文化建设的连贯性和持久性。这样的队伍可以更好地引领和推动高校廉洁文化的深入发展。高校应充分发挥党团组织和学生会、研究生会及相关学生社团的作用，明确各单位、各部门的责任，形成全校范围内推进廉洁行为文化建设的强大合力。

（四）财力资源投入——高校廉洁环境文化建设保障机制

高校廉洁环境文化建设的关键在于形成规范有效的保障机制，特别是在财力投入方面。环境文化建设旨在打造充满正气的校园文化环境，营造崇尚廉洁的校园文化氛围和风气。在此背景下，廉洁从业、廉洁从学将成为教职工、学生共同追求的价值取向。此外，弘扬正气、抵制不良风气将成为开展各项工作的重要准则。

完善高校廉洁环境文化建设的保障机制，提升高校廉洁环境文化品位，并充分发挥其育人功能，是关键所在。这需要加大财力资源投入，按照量力而行的原则，设立专项基金，将经费纳入预算，完善经费保障机制，确保廉洁环境文化建设的顺利进行。此外，财力投入还应用于廉洁文化阵地建设，加快基础设施建设。例如，完善图书、报刊、广播、网络、文艺演出等育人载体和阵地功能。同时，拓宽融资渠道，积极探索市场运作方式，鼓励社会力量投资，形成以学校为主、社会多渠道为辅的经费保障机制。

高校作为知识与文化的传播中心，肩负着为社会培养高素质人才的重任。因此，廉洁环境文化建设不仅是高校的需求，更是社会文明进步的必然需求。通过建立健全保障机制，不断提升廉洁环境文化的品位与

第二章　高校廉洁文化建设基本论述

效能，高校能够为社会培养更多具有良好道德品质和专业能力的人才。在此过程中，高校应注重丰富廉洁文化的内涵，拓宽廉洁文化的外延，结合校园特色和学术传统，打造具有自身特色的廉洁文化。高校还应开展丰富多样的文化活动和实践教学，增强师生的道德意识，提升师生的自我修养，使廉洁文化深入人心，形成一种自觉的行为准则。

二、落实齐抓共管，形成系统配套的管理实施机制

高校廉洁文化建设作为一项系统工程，核心在于落实党政齐抓共管。为了抓好这一落实，高校应构建一个系统配套、规范有序的管理实施机制。该机制的建立，不仅是对高校内部管理结构的优化，更是对文化塑造力量的整合。在这一机制下，各部门能更有效地协同工作，确保廉洁文化建设的方针得到切实贯彻。

（一）建立健全党政齐抓共管的领导体制和工作机制

在高校廉洁文化建设方面，党委领导下的校长负责制的实施，体现了党政齐抓共管的领导体制和工作机制。此举有助于确保廉洁文化建设的领导责任和实施路径的明晰，突出廉洁文化在党的建设与行政管理中的双重重要性。廉洁文化建设不应局限于某个单位或部门，而应涉及全校范围。为此，成立由党委书记、校长等组成的廉洁文化建设指导委员会，是构建全校性责任网络的关键步骤。该委员会负责统筹协调各项工作，确保党风廉政建设与廉洁文化建设紧密结合，形成有效的管理与执行体系。各级领导班子，包括党委、行政及职能部门，需要承担起落实廉洁文化建设任务的领导责任。其中，领导班子的正职承担总体责任，其他成员则根据工作分工负直接领导责任。更重要的是，廉洁文化建设应与日常工作并重，实现"一岗双责"。这种方式，可以确保高校在培

养人才的同时，注重塑造健康、廉洁的校园文化环境，为社会培养更多具有高尚品格和专业素养的人才。

（二）积极发挥纪委的组织协调职能

纪委不仅是推动党风建设和反不正之风斗争的关键力量，更是协调各方资源、促进校园文化建设的枢纽。作为党委与行政之间的桥梁，纪委在维护校园正气、推进文化建设方面发挥着不可替代的作用。

纪委的重要职能是协助党委加强党风建设，确保校园内的文化氛围反映社会主义核心价值观。纪委需要在党委的统一领导下，根据上级部署和要求，主动规划和实施廉洁文化建设，包括明确各部门的责任，确保各项措施得到有效执行。纪委还需要履行监督检查职能，既要严格自律，又要积极引导全校范围的廉洁文化教育。这不仅包括对不良行为的及时纠正，还包括通过教育和引导，提升师生的道德素养，营造健康、融洽的校园文化氛围。此外，纪委还应激发各职能部门在廉洁文化建设中的积极性和主动性。有效的沟通协商对解决工作中遇到的问题至关重要。纪委需要确保信息的畅通，及时应对各种挑战和难题，以增强校园内部管理的有效性。

（三）努力形成部门各负其责、协同配合的局面

在廉洁文化建设中，高校各相关责任部门应各负其责，将廉洁文化的要求融入日常业务活动。领导班子成员需要承担全面领导及具体执行的责任，确保所属部门廉洁文化建设任务有效完成。实行"谁主管、谁负责""一岗双责"原则，结合不同部门的特点，创新性地推进工作。党委组织部应加强对党员干部的廉洁从政教育，确保将廉政教育内容融入党员组织生活及干部培训中。人事处、科技处、教务处和工会等部门则应将学术道德、廉洁从教及教风建设等方面内容融入师风教育中。此外，

高校内部的协同配合至关重要。各部门间的有效沟通与合作，有助于形成一个完整、高效的廉洁文化建设体系，确保廉洁文化的深入贯彻与持久实施。

思想政治教育部门负责将廉洁文化融入课程，同时该部门应加强对廉洁文化理论与实践的研究，致力产出高质量的研究成果。学生工作部与研究生院等部门则负责对学生进行有针对性的廉洁从学教育，包括诚实守信教育、端正考风教育及学术道德教育等，以增强学生的诚信意识，并促进学风建设。此外，工会、团委等部门应将廉洁教育内容融入文艺演出等活动中，利用各自的文化平台进行廉洁文化宣传教育，进而增强师生的廉洁意识。机关党委的职责在于组织创建学习型、服务型、创新型、廉洁型机关活动，发起服务承诺和廉政承诺活动，引领机关党员干部发挥模范带头作用。党委宣传部则应充分利用校园网、校报、宣传橱窗、校园电视广播等宣传载体，广泛宣传廉政方面的先进事迹，弘扬求真务实精神，树立正确的价值观念。高校各部门间的协调配合，有助于形成一个有效的廉洁文化建设工作机制。这种联动机制能够更好地促进廉洁文化深入人心，为高校师生创造一个健康的工作与学习环境。通过这种全面、系统的努力，高校可以有效地推进廉洁文化建设，从而在校园内形成一种以廉为荣、以贪为耻的风尚，这对高校的长远发展与良好的社会形象的树立具有不可估量的作用。

（四）充分依靠高校成员的支持和参与

群众路线作为一种优良传统，为各项教育与管理工作提供了必要的条件和坚实的基础。教师与学生的满意度和支持度是衡量工作成效的关键指标。在高校中，廉洁文化建设需要深入理解和贯彻群众路线的精神。这意味着高校要尊重师生的意见和需求，认真听取他们的声音，让他们成为廉洁文化建设的参与者和推动者。高校成员的主动性和参与性不仅能够丰富廉洁文化的内涵，还能增强廉洁文化实践的有效性。在推进廉洁文化建设的过程中，高校应鼓励师生积极提出建议和意见，并对师生提出的问题和不足，进行及时改进。

廉洁文化建设依赖每一位成员的认同与支持。缺乏高校成员的全面参与，廉洁文化建设就失去了其内在的生命力和动力。因此，高校需要广泛听取师生的意见和建议。只有在充分了解师生的需求和期望后，才能确保廉洁文化建设的有效性和针对性。廉洁文化建设不应停留在理论层面，而应与解决实际问题相结合。例如，教育和引导，可以提升干部的科学管理水平，确保师生真正受益。这种做法不仅有助于防止不良现象的发生，还有助于增强师生对廉洁文化的认同感。在这个过程中，高校应不断拓展参与渠道，让更多的师生加入廉洁文化建设行列。这种方式可以激发师生对廉洁文化建设的热情，使其成为一种自觉行动。当师生主动参与并推动廉洁文化建设时，高校内就形成一种积极向上、人人为我、我为人人的良好氛围。此外，高校还应重视对师生廉洁意识的培育。这不仅是对师生品德的塑造，还是对高校整体文化的提升。当廉洁成为师生心中的一种自觉追求时，整个高校的文化环境也会随之得到提升。在这样的环境中，廉洁文化得以深入人心，形成一种人人追求、人人实践的良好局面。

三、强化领导核心，形成党委总揽全局的领导体制

高校廉洁文化建设应融入校园文化建设的总体规划。此时，党委的作用至关重要。党委需要统筹全局，将不同的力量与资源进行有效整合。其中关键是激发各个方面的积极性与主动性，形成全面推进廉洁文化建设的强大动力。如此，便能在高校中营造一种健康、正向的文化氛围，为学术的纯粹性和教育的公正性提供坚实保障。此外，党委领导是保证高校文化建设方向正确、健康发展的关键。通过有效的领导机制和体制

安排，高校廉洁文化建设能够更加系统、有序地推进。

（一）高校党委是高校廉洁文化建设的领导核心

高校廉洁文化建设作为提升教育质量和学术道德水平的关键环节，应在党委的统一领导下进行。党委作为高校廉洁文化建设的领导核心，肩负着贯彻党的路线、方针、政策，坚持社会主义办学方向的重要职责。此外，党委还需要领导思想政治和德育工作，确保廉洁文化建设的有效实施。

党委应明确廉洁文化建设的目标和方法，确保其成为学校党政工作的重要组成部分。为了进一步加强高校廉洁文化建设，党委需要加强对相关工作的领导和监督，包括定期审查廉洁文化建设的进展、评估实施效果、根据需要进行调整等。在此过程中，党委的角色不仅是领导者，更是监督者，旨在确保廉洁文化建设的方针和政策得到全面、有效的落实。党委还需要重视廉洁文化教育和宣传工作，通过组织相关的培训活动，加深师生对廉洁文化的认识和理解，并在实践中进行落实。这种教育和宣传活动不应是形式上的，而应深入人心，影响师生的思想和行为。

（二）高校党委负责谋划高校廉洁文化建设发展蓝图

凡事预则立，不预则废。高校廉洁文化建设是当代教育改革与发展中的重要组成部分。在构建和谐校园、促进学术发展的过程中，廉洁文化建设具有不可或缺的作用。高校党委作为推进廉洁文化建设的领导核心，承担着谋划廉洁文化建设发展蓝图的重要职责。

首先，高校党委应将廉洁文化建设纳入学校整体发展规划，与学校的宣传思想工作和精神文明建设工作整合。党委需要科学制定廉洁文化建设的长远规划，确保立足当前，着眼长远，统一思想，明确责任。其次，高校党委应充分认识到廉洁文化建设的重要性，明确其基本思路和工作原则，确保廉洁文化建设步伐与学校发展同步。此外，确立实施步骤、成立专门机构、明确分工合作、实现部门联动，对分阶段、分对象、分层次开展廉洁文化建设至关重要，有助于逐步实现既定目标。再次，高校党委应规划廉洁文化建设的主要内容。对党政管理干部，需要重点加强勤政廉政教育，提升他们的廉洁从政水平；对教师群体，需要加强师德师风教育，构建廉洁从教环境；对学生，则需要加强诚实守信教育，培养廉洁从学文化。这样分层次、针对性强的教育措施，能有效促进廉洁文化深入人心。最后，高校党委应谋划廉洁文化建设的具体方法与途径，包括教育活动的具体安排、舆论阵地的建设、检查考核评比等方面，以实现高校廉洁文化建设的高质量、高效率、高水平。

（三）高校党委抓好高校廉洁文化建设的统筹协调和整体推进

遵循总揽全局、协调各方的原则，高校党委需要将廉洁文化建设置于战略高度，确保其贯穿教育教学、科学研究、社会服务等各个方面。在此过程中，高校党委应从维护党和人民根本利益的角度出发，坚持长远规划和全面考虑，确保廉洁文化建设与学校发展的整体性、前瞻性和战略性相契合。高校党委还应重视对廉洁文化建设方向的把握，调动校内外相关部门和人员的积极性，集中力量解决影响廉洁文化建设的全局性、战略性问题。这种统筹协调不仅体现在高校内部，也涉及与外部环境的互动与协同。高校党委在廉洁文化建设中需要发挥示范引领作用，努力成为践行廉洁文化的典范，影响和带动全校师生共同努力，形成全面、深入、持久的廉洁教育氛围。此外，廉洁文化建设的内容应与时俱进，不断丰富和完善，以适应新时代高校发展的需求。

明确责任分解，确保基层党委、党总支在廉洁文化建设中承担起责任主体的重任。同时，高校党委需要明确自身在廉洁文化建设中的领导责任。责任的明确有助于构建明晰的责任体系，促进廉洁文化建设工作的具体化和系统化。监督检查和责任考核机制的完善也至关重要。制订周全的计划、确保实施落地以及年终考核，是确保廉洁文化建设工作全面推进和有效实施的关键。这样有利于确保廉洁文化建设的整体推进，协调发展，确保其成效具体可见。奖惩机制的制定也不容忽视。对在廉洁文化建设中表现突出、成效显著的部门，应给予其物质和精神上的奖励。反之，对那些领导层不重视、工作开展不力的部门，应及时给予其激励和鞭策。将考核结果作为干部业绩评定、奖惩、选拔任用的重要依据，对促进校园整体氛围的营造具有重要意义。

第三章 清风徐来：营造高校管理干部廉洁从政文化

高校管理干部在校园文化建设、人才培养及学校发展中扮演着关键的角色。他们的思想品质、行为准则及自律能力，是学校和谐、稳定的基石，也是保证教育质量的重要因素。因此，加强对这一群体的廉洁从政文化建设尤为重要。此举不仅有利于提升管理者自身的素质，还有利于学校整体的发展。加强廉洁文化教育，优化管理机制，创造一个清正廉洁的工作环境，对培养高素质的教育管理人才、促进学术研究和人才培养的双重目标的实现，具有深远的意义。

第一节　高校管理干部廉洁从政文化相关概述

一、高校廉洁从政文化的基础知识

高校廉洁从政文化作为廉洁文化不可或缺的一部分，直接影响到高校廉洁文化建设的整体。廉洁从政文化在打造诚信、公正的学术环境和行政管理中具有至关重要的作用。在高校中，廉洁从政文化建设，有助于构建一个更加健康、透明的教育与管理氛围。

（一）高校廉洁从政文化的概念与内涵

1.高校廉洁从政文化的概念

"廉洁从政""文化"两个词的结合，构建出"廉洁从政文化"的概念。所谓"廉洁",指的是清正不贪、奉公守法的品质,而"从政"则指参与政务活动,"廉洁从政"便为特定领域内的思想、政治与法治建设。结合高校环境,高校的管理者应清廉自律,遵守法律法规,严格履行教育职责,避免权力的不当使用。高校廉洁从政文化的核心在于持权者自觉维护公共利益,避免个人利益的干扰。例如,在招生、人事任免、科研项目分配等方面,高校应坚持透明、合理的原则,保障各利益相关方的权益得到公正对待。此外,高校廉洁从政文化强调对教职工的持续监督。通过民主生活会等形式,高校可定期审视教职工的行为准则,以及其对教育资源的使用情况,确保其行为与廉洁从政的标准保持一致。高校廉洁从政文化建设,对提升高校的整体治理水平和教育质量具有重要意义。廉洁从政文化不仅影响高校内部管理的效率与公正,还影响学生价值观的形成和社会的长远发展。

文化作为人类社会发展的产物,与特定社会紧密相连,并随社会的发展而演变。文化既是社会政治经济结构的映射,又在一定程度上影响政治、经济的走向。因此,文化不仅是一种被动的存在,更具有主动塑造社会的能力。在对高校的研究中,文化被视为一个重要的研究对象,因为它涉及学校的方方面面,从校园建筑到管理制度的形成,都与文化息息相关。

结合上述两个概念,本书认为高校廉洁从政文化指的是一种融合了知识、信仰、规范及相应生活方式的文化形态,不仅包括精神层面的追求和价值观,还包括制度层面的规范以及物质层面的具体实践。在高校中,廉洁从政文化的培育和实施,能够影响和塑造师生的思想观念。廉洁从政不仅是一种行为规范,更是一种深植于心的信念。它要求高校成员,无论是管理层还是师生,都应持有对社会负责的态度,坚持公正、诚信的原则。

2.高校廉洁从政文化的内涵

高校廉洁从政文化作为高校廉洁文化的重要组成部分，是高校在办学过程中形成的包括思想观念、行为方式、规章制度和价值取向在内的集合，也是党和国家政治文化、德治文化、制度文化在高校中的具体体现和反映。

高校廉洁从政文化建设是通过文化教育手段，强化管理干部的廉洁自律意识，规范其行为。这一过程要求管理干部的思想和行为始终遵循国家法律法规、党的政策规定和社会道德约束。此种文化建设，旨在影响和引导高校管理干部形成正确的价值准则、伦理道德、行为规范和思维模式。在这个过程中，弘扬正气，培养高尚品行，建立坚固的思想观念，是关键。高校廉洁从政文化的核心，在于创造一种健康的教育和管理环境，使之成为高校持续发展的动力源泉。它不仅关乎管理干部的品德和行为，更关乎高校整体的政治生态和文化氛围。建立和完善相关的制度和规范，能够有效地引导管理干部树立正确的价值观念，促进其在行为上自律。

（二）高校廉洁从政文化的表现形式

高校廉洁从政文化表现为四种文化形式的综合与互动：团结进取、廉洁高效的组织文化；爱岗敬业、求真务实的职业文化；清正廉洁、公平公正的政治文化；遵纪守法、健康向上的大学文化（图3-1）。这四种文化形式虽相互交织，但各具特色，共同构建了一种积极向上的校园环境。

| 团结进取、廉洁高效的组织文化 | → | 强调团结协作的校园环境。这种文化鼓励教职工在日常工作中展现团结、廉洁的品质，从而提升校园的整体形象 |

| 爱岗敬业、求真务实的职业文化
清正廉洁、公平公正的政治文化 | → | 着眼于个人素养和职业道德，强调教职工应具备爱岗敬业、办事公正和清正廉洁的品质。这两种文化不仅有助于提升个人的职业素养，还有助于为校园营造一个清新、公正的工作氛围 |

| 遵纪守法、健康向上的大学文化 | → | 侧重培养学生的健康心态和遵纪守法的观念，这对学生的全面发展和品德教育至关重要。通过这种文化的培育，学生能够在一个积极、健康的环境中成长，为将来的社会生活打下坚实的基础 |

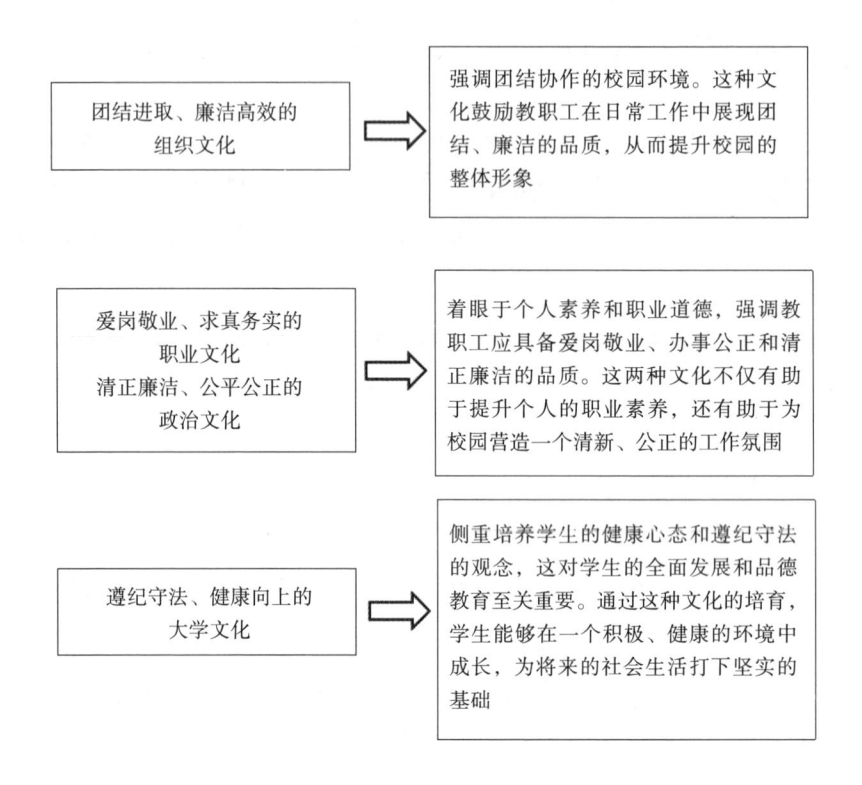

图3-1 高校廉洁从政文化的表现形式

1.团结进取、廉洁高效的组织文化

高校的管理部门和管理干部应秉持依法办学、依法治校、依法执教的原则，将大学生的全面发展置于核心位置，贯彻"管理育人"的工作要求。在实践中，这种文化体现为全体管理人员的高度统一和协作，包括共同致力实现学校的发展目标、群策群力解决问题，以及在组织、管理、协调等方面发挥模范带头作用。管理干部不仅是行政领导者，更是学校文化和价值观的传播者。此外，这种文化还体现为管理干部对"教育人、培养人"的不懈追求。管理干部在推进学校事业发展的同时，始终不忘育人为本的初心，注重学生的全面成长与发展。这有助于提升学

生的学术水平和道德素养，从而为他们未来的职业发展奠定坚实基础。

2. 爱岗敬业、求真务实的职业文化

高校廉洁从政文化既是一种管理理念的体现，也是一种深植高校管理层的职业精神。它要求管理者在忠诚、敬业、务实的基础上，以师生为中心，全心全意推动高校的持续发展。在这一职业文化的指引下，管理者恪守职业道德，展现出对工作的热爱与敬业精神，致力在专业领域精耕细作。高校廉洁从政文化的一个重要体现是将"管理育人"视为崇高的职业追求。在此框架下，管理者以师生利益为核心，全面考虑师生需求，解决师生面临的困难。高校廉洁从政文化还强调实事求是的工作态度。管理者致力将理论与实践相结合，确保工作成果既实际又高效。这种工作方式要求管理者在自己的职责范围内做到最好，为高校的发展贡献自己的力量。

3. 清正廉洁、公平公正的政治文化

高校廉洁从政文化要求高校管理者在权力运用、个人品德和职业行为上做到清正廉洁、公平公正。在这种政治文化的指导下，高校管理者应牢固树立廉洁从政的道德操守，同时确立正确的权力观、地位观和利益观。在实际工作中，高校廉洁从政文化体现在多个方面。例如，在教学资源配置、招生管理、评先评优、职务晋升等管理领域，管理者应坚持秉公用权、公平公正的原则。这意味着在所有决策和行动中，高校管理者应以公共利益为最高准则，确保权力的运用能够真正惠及师生，避免任何形式的不正当利益交换或偏袒。此外，高校廉洁从政文化还要求管理者在个人品格上做到道德纯洁、经济清白及行为端正，他们的个人品格和职业行为应成为师生树立正确价值观和职业道德的典范。

4. 遵纪守法、健康向上的大学文化

高校管理者除了要遵守学校的纪律规定之外，还要在实际工作中严格遵守法律法规，成为遵纪守法的模范。这对校园文化的营造具有深远影响。尊重法纪的校园文化的营造，有助于激励校园成员自觉遵守法纪法规，重视权利与责任的平衡，形成谨慎和自律的品质。这种文化还倡导在校园中形成一种以廉洁为荣、以不正当行为为耻的风尚。这种风尚既是对个人品德的要求，也是对高校文化的提升。它要求校园成员不仅要在大事上守法守纪，也要在日常生活中注意自己的言行举止，不断提高个人的道德标准和自律能力。

二、高校廉洁从政文化与高校廉洁文化的关系

从哲学的角度看，高校廉洁从政文化与高校廉洁文化之间的关系，为特殊性与一般性的统一。这种关系体现了两者相互联系、区别、影响、促进及依存的复杂性。高校廉洁从政文化的发展，能够有效促进高校廉洁文化的整体建设。一个推崇廉洁文化的高校，其管理层和教职工更有可能在工作中展现出高度的道德标准和行为规范，从而形成良性循环。

（一）高校廉洁从政文化是高校廉洁文化的重要组成部分

高校廉洁文化的建设目标在于促进高校全体成员树立正确的价值观，以全心全意服务师生为宗旨，实现依法治校、办事公道、管理公正透明。这一目标的实现，依赖内在道德要求与长期的管理育人实践的结合，旨在达到勤政廉洁的目的。在这个过程中，高校廉洁从政文化便显现出其重要性。

高校廉洁从政文化的核心在于管理层的道德建设和行为规范。管理层的理想信念、为师生服务的宗旨、依法治校的原则以及公正透明的管

第三章　清风徐来：营造高校管理干部廉洁从政文化

理，构成高校廉洁从政文化的主要内容。这些要素不仅影响着高校的日常运作，而且对高校文化的形成和发展具有深远影响。高校廉洁文化的建设，是一个全方位、多维度的过程。除了管理层，教师的师德建设、学生的价值观培育，以及教辅人员的职业道德，都是高校廉洁文化的重要因素。在高校廉洁文化的建设过程中，教师不仅要依法执教、严谨治学，更要以身作则，成为学术诚信和道德高尚的典范。学生则需要培养诚实守信、自律的品质，树立正确的世界观和价值观。教辅人员同样应廉洁从业，因为他们的行为直接影响着高校文化的健康发展。因此，高校廉洁从政文化建设不仅是对管理层的要求，更是对高校文化的塑造。

（二）高校廉洁从政文化建设有利于促进高校廉洁文化建设

马林诺斯基曾指出：文化是一个有机整体，包括工具和消费品、各种社会群体的制度宪纲、人们的观点和技艺、信仰和习俗……人借此应面对各种具体而实际的难题。[①] 由此，高校廉洁从政文化建设不仅是对高校管理层的要求，更是对高校管理层在各项管理工作中身体力行、以身作则的实践。高校管理层在廉洁从政文化建设中的作用至关重要。他们的行为举止、决策理念直接影响高校内部的教育教学、科研项目、实验设备、经费等资源的分配和使用，进而影响高校的发展和声誉。因此，高校廉洁从政文化建设对高校廉洁文化建设至关重要。通过树立和维护良好的廉洁从政形象，高校能够在校园内营造一种崇廉、爱廉、慕廉、思廉的氛围。这种氛围的形成，有助于为高校的健康、可持续发展筑牢坚实的思想和文化基础。

---

① 马林诺斯基.科学的文化理论[M].黄建波，等译.北京：中央民族大学出版社，1999：52.

（三）高校廉洁文化建设为高校廉洁从政文化建设提供土壤

高校廉洁文化建设是社会主义先进文化的重要组成部分，它在弘扬主旋律，凝聚人心，树立正确的世界观、人生观和价值观方面发挥着至关重要的作用。廉洁文化深入人心，于高校师生道德观的形成和行为准则的遵循，具有不可替代的作用。高校廉洁文化建设既是个人道德修养提升的关键，也为廉洁从政文化建设筑牢了坚实的基础。

廉洁文化建设旨在通过各种形式的宣传与教育，深入推广廉政思想。宣传教育促进廉洁文化氛围的形成，不仅能够弘扬正气，还能够有效地抵制不正之风，使得廉洁成为每一位成员的自律准则。在这样的文化氛围中，高校各群体，特别是管理层，会更恪守公道正派、公平公正的原则，并将这种原则贯穿学校的各项事务之中，如办学宗旨和思想建设、文化建设和制度建设等方面。由此形成的廉洁文化建设机制，既是通过精神层面塑造人，也是通过制度和行为约束人，以及通过环境培育人。这样的机制，客观上为加强高校廉洁从政文化建设提供了良好的外部环境。此外，高校管理层在廉洁文化的熏陶和教育下，将更加自觉地加强党性修养，树立廉洁自律意识，提升精神境界。这种自重、自警、自省、自励的态度，在管理工作中表现为公正用权，廉洁自律，从而在主观上为加强高校廉洁从政文化建设打下坚实的思想基础。

三、高校廉洁从政文化建设的成效

高校在廉洁从政文化建设方面取得了显著成效。作为培育社会栋梁的重要场所，高校对廉洁文化的推崇和实践，具有标杆意义。在廉洁从政文化的建设过程中，高校领导层积极倡导诚信、廉洁公正的价值观，促使廉洁从政文化深入人心，推动了高校内部管理规范化，增强了师生对高校公正、透明治理的信任。

第三章　清风徐来：营造高校管理干部廉洁从政文化

（一）高校廉洁从政文化建设的发展目标日益明确

在推进廉洁从政文化进校园的过程中，高校已逐步明确了其发展目标，即加强对管理干部的党风、党纪、党性教育，以及反腐倡廉的文化熏陶。此举旨在引导管理层确立正确的价值观，将贪欲视为不荣、廉洁视为光荣。此举超越了单纯的道德教导，有利于加固管理干部的思想道德防线。在此过程中，高校采取了多元化的策略。除了对管理干部进行系统的教育，还通过各种文化活动、讲座、培训等方式，将廉洁从政的理念深植校园文化中。这些举措使得廉洁从政文化成为校园文化的重要组成部分，有效提升了全校师生对廉洁从政文化建设重要性的认识。

（二）高校廉洁从政文化建设在社会中的影响力和作用日益凸显

高校不只是学术研究的高地，更是社会主义先进文化的传播者和实践者，对社会文化建设具有深远影响。

在廉洁从政文化建设方面，高校通过建立相关研究机构，如廉政文化研究中心，利用其学术研究的专业优势，为廉洁从政文化的深入研究提供了平台。同时，高校充分利用其丰富的文化和艺术资源组织文艺巡演和宣传工作队，将反腐倡廉的理念传播到企业、社区等。这些宣传活动极大地加深了公众对廉洁文化的认识。高校的这些做法，展示了其在社会文化建设中的独特作用，为社会提供了廉洁从政文化的生动范例。

除此之外，高校还积极邀请校外专家来校开展活动，如邀请专家作廉政专题报告、开办书画展览和宣传展等。这些活动增强了高校的社会影响力，还促进了廉洁文化在社会层面的深入人心。以天津大学软件学院党委开展的中国共产党廉洁自律专题辅导报告为例，该学院邀请的专家对廉洁自律准则和纪律处分条例进行了解读，不仅丰富了学术交流，还为廉洁教育提供了实质性内容。陕西省委高教工委在西安交通大学举办的陕西高校党风廉政建设专题报告会，则展示了高校廉洁文化建设的区域影响力。会议邀请的专家及领导对党风廉政建设进行了深入讲解，不仅增强了学校领导干部的廉洁从政意识，还推动了高校间在廉洁文化建设方面的交流与合作。通过丰富多样的形式，高校将廉洁思想融入日常教育和社会活动中，使廉洁从政文化的传播更加广泛和深入。此外，这种文化传播方式不仅具有较强的吸引力和感染力，还能激发公众特别是年轻一代对廉洁价值观的认同，对社会廉洁风气的形成和发展具有积极影响。

（三）高校廉洁从政文化建设的文化载体逐渐丰富

以往，廉洁从政文化的传播依赖校园文化活动、教材等方式。然而，随着对廉洁从政文化建设重要性认识的加深、国家对高校投入的增加，更多高校开始积极探索更多元化的文化载体。

有的高校在校园内创设廉洁文化景观，旨在通过景观反映校园精神和廉洁文化。例如，在校园内种植松、竹、菊、兰、莲等具有廉洁文化象征意义的植物，能起到宣传廉洁文化的作用。这种方式以自然景观为媒介，巧妙地将文化理念植入校园生活，使学生潜移默化地受到影响。有的高校在校园内建立反腐倡廉教育基地，以加强对管理干部的警示教育。这些教育基地通过集中展示反腐倡廉的相关知识和案例，对管理干部进行直观、生动的教育。此举不仅有利于加深管理干部对廉洁从政重要性的认识，还有利于提高管理干部的自我约束能力。还有高校积极开展勤廉兼优先进个人评选表彰活动，通过树立身边的典型人物，用实际行动影响周围的人。这种方法通过正面激励，引导管理干部向榜样看齐，追求先进。网络作为现代信息传播的重要平台，也被很多高校用于廉洁从政文化传播。通过建设反腐倡廉网站、红色网站等，为管理干部提供丰富的学习资源，受到广泛欢迎。

第三章　清风徐来：营造高校管理干部廉洁从政文化

例如，湖南工业大学经济与贸易学院在弘扬"廉洁·诚信"价值观方面的尝试，展现了高校在文化建设方面的创新与实践。该学院通过构建物质文化、行为文化和制度文化"三维"空间，有效地将廉洁、诚信的价值理念融入学院文化中。这种文化氛围的营造，不是外在形式的堆砌，而是对内在精神的培育。这样的氛围有利于师生自觉将廉洁、诚信内化为自己的行为准则，形成尊崇廉洁、崇信诚实的良好教风、学风。此外，该学院开展了"廉洁·诚信"系列主题党日活动，进一步扩大了廉洁、诚信理念的传播范围。党委委员主动通过讲座等形式，将廉洁、诚信的理念传递给每一个师生。在课程教学方面，学院也进行了积极探索。通过组织教师进行"诚信·廉洁"课程集体备课，推动廉洁文化教育与课堂教学的有机结合。这有助于增强教育的针对性和实效性。通过集体备课，教师能够更深入地探讨如何在教学过程中融入廉洁文化元素，使学生在学习专业知识的同时，接受廉洁、诚信教育。

广西水利电力职业技术学院通过多元化的文化载体，有效地推进了廉洁教育和清廉家风建设，形成了一个全面、立体的廉洁文化教育体系。首先，该校实施的"关键少数"政治家访、寄送家庭助廉倡议书等措施，加强了对党员干部及学生家庭的廉洁教育。其次，组织干部参观廉政警示教育基地、旁听案件庭审、观看警示教育片等活动，增强了组织干部的廉洁自觉，促进了理论学习与实践应用的有效结合。最后，在文化载体的丰富性方面，该学院建立了"水电德育讲堂""领航学院""清廉文化长廊""建筑+廉政育人基地""廉洁主题阅读体验角"等多种形式的教育平台。这些平台提供了丰富的学习资源，同时为管理干部提供了互动交流和深入思考的空间。此外，"基地+活动+典型"的廉洁文化教育阵地建设，有效地整合了资源，形成了系统的廉洁教育宣传矩阵，为高校廉洁从政文化建设奠定了坚实的基础。

（四）高校廉洁从政文化建设的内容日趋多元化

高校是培养国家栋梁的重要场所，廉洁从政文化建设对其健康发展至关重要。近年来，高校在廉洁从政文化建设方面取得了显著成效，特别是内容的日趋多元化，为提升管理质量和培养优秀人才提供了有力保障。

制度建设是高校廉洁从政文化建设的基石。众多高校重视内部机制体制的建设，力求通过完善的制度来规范管理干部的行为。武汉大学在这方面做了积极探索。该校推行反向监督常态化，在资金管理、会议费用等方面制定了一系列详细的管理制度。此外，该校编印《纪检工作手册》《作风建设手册》等，为管理干部提供了具体的操作指南。通过开展公务接待、违规收送礼品礼金、领导干部利用资源谋取私利等专项整顿，该校有效地加强了廉洁从政建设。在预防和控制风险方面，武汉大学组织了全校范围内的廉政风险梳理排查，建立了全面的防控体系。这种做法不仅有助于增强对潜在风险的识别和预防能力，还有助于构建更加健康和谐的校园环境。武汉大学通过上述措施，不仅改善了校园管理服务，还促进了学校整体文化氛围的营造。

部分高校通过将廉洁从政文化建设融入日常的业务工作，有效地加强了对教育收费、招生及大宗物资招标采购等关键环节的监管。这种做法的核心在于落实"阳光校务"政策，即推进各项工作的透明化，如"阳光收费""阳光招生""阳光采购"，确保这些重点环节的公开、公平和公正。以湖南工业大学经济与贸易学院为例，该学院通过公开党务政务工作事项，有效地推动了以廉洁、诚信为核心的价值观在校园中的普及。这种做法不仅能增强校园内部管理的透明度，还能促进师生对廉洁文化的认同。

还有一些高校通过开展主题活动，来增强廉洁从政文化建设的吸引力和影响力。这些活动不仅能丰富文化生活，还能通过艺术的形式传达廉洁从政的重要信息，从而使管理干部在轻松愉悦的环境中接受教育。

第三章 清风徐来：营造高校管理干部廉洁从政文化

此外，权力观主题教育的开展，有利于进一步加深管理干部对正确行使权力的理解。这些活动强调了权力是为服务师生而存在的，管理干部应将权力转化为服务的动力，切实为师生提供更好的服务。例如，湖南铁道职业技术学院组织领导干部及相关管理人员集体观看反映正能量的影片，通过影视作品的直观展现，对管理干部进行生动有效的教育。这不仅能加深管理干部对正直行为的认识，还能起到良好的警示作用，提醒他们时刻保持清廉的心态。

第二节 廉洁从政文化：高校廉洁文化建设的关键

一、高校管理干部：高校廉洁从政文化的主体

高校廉洁从政文化建设的关键在于学校各项工作的组织者和领导者——高校管理干部。他们的作用不可小觑，因为他们的行为直接影响着高校的整体风貌和发展方向。高校管理干部应以身作则，树立廉洁从政的典范，这是全面落实党的路线方针政策的关键所在。在这个过程中，高校管理干部需要认识到，廉洁从政不仅是个人品德的体现，还是对高校文化建设的贡献。他们的行为和决策，应遵循党的教育方针，确保权力的正确行使和职责的有效履行。

（一）高校管理干部：决策的制定者和执行者

高校廉洁从政文化建设关乎学校的长远发展。其中，高校管理干部扮演着关键角色，作为决策的制定者和执行者，他们的决策直接影响着学校的整体风貌和发展方向。高校管理干部需要深刻理解并践行这一理念，确保学校决策的正确性和时代性。

科学的教育决策的本质在于符合党的教育方针、国家关于高等教育的法律法规，同时与高校的实际情况、长期坚持的办学理念、办学指导思想及办学章程保持一致。这种决策的构建，需要高校管理层基于科学理论的指导，立足正确的立场、观点，深入实际，开展认真的调查研究和细致的分析评估。在此过程中，管理干部需要发挥创造性思维，结合学校的实际情况，汇聚教职员工的智慧和经验，共同制定出既符合高等

第三章　清风徐来：营造高校管理干部廉洁从政文化

教育发展趋势，又体现学校特色，还能有效引领学校科学发展的决策。

高校管理干部肩负着推进学校发展的重要职责。因此，高校管理干部的廉洁自律尤为关键。高校管理干部若能坚持廉洁从政，确保权力的正确运用，那他们制定的决策便能真正反映广大师生的利益，为学校发展提供有效的助力。相反，高校管理干部若做不到廉洁从政，那他们制定的决策便无法体现教育的根本宗旨，从而成为学校发展的阻力。此外，高校管理干部的廉洁自律对学校文化氛围的营造具有深远影响。高校管理干部若能以身作则，坚持廉洁自律，便能营造出公平、公正、透明的学术环境，有利于激发师生的创新精神和学术热情。反之，高校管理干部若行为不正，便会引发师生的不满和反感，破坏学术氛围，阻碍学术创新和人才培养。

（二）高校管理干部：各项管理工作的组织者和领导者

根据组织学原理，任何规模较大的社会活动，都需要借助有效的组织与管理来实现目标，高校管理工作也不例外。高校的各项活动，无论规模大小或复杂程度如何，均需要管理干部运用其智慧与协调能力，保证活动的顺利进行。高校管理干部既是行政命令的传达者，也是各项管理工作的组织者和领导者。他们的工作不限于简单的指挥和协调，还涉及策略规划、资源配置及人际关系维护等方面。在处理学校内外事务时，他们需要展现出高度的责任感与敏锐度，确保学校的顺利运转与发展。[①]

高校管理干部作为学校各项管理工作的组织者和领导者，肩负着推动教育教学改革、科学研究与科学高效管理的重要职责。在培养人、教育人的任务上，他们的作用尤为关键。教育改革和人才培养是一项系统工程，需要高校管理干部具备较强的组织能力和领导能力，带领教职工团结合作，共同为高校的发展贡献力量。高校管理干部在行使权力时应

---

① 张国臣.高校党的执教兴校能力建设论[M].北京：新华出版社，2008：242.

当恪守廉洁用权、秉公办事的原则。在高层次人才引进、高水平团队打造、基建工程和科研项目审批等环节，公正、透明的管理尤为重要。一旦管理失当，会给学校的教学、科研及管理工作带来负面影响，破坏校内的公平公正氛围，甚至影响高校的整体发展与稳定。因此，高校管理干部需要深刻认识到自己的重要地位和作用，不断提升自身的管理水平，确保高校管理工作有序、高效进行。

二、高校廉洁从政文化主体的示范与带动作用

作为高校廉洁从政文化建设的核心，高校管理干部在弘扬廉洁文化方面扮演着关键角色。他们的言行直接影响高校师生的价值观念和行为准则。如果高校管理干部能够做到廉洁自律，就能为师生树立榜样，促使师生形成正确的道德观念和行为模式。

高校廉洁从政文化不仅涉及政治品格和思想观念，工作作风以及言行举止，还是塑造高校管理干部核心价值观的关键因素。高校廉洁从政文化的核心在于廉洁自律，以身作则。这不仅是高校管理干部应有的政治修养，还是其职业操守的基本要求。

在高校中，廉洁从政文化建设尤为重要。高校管理干部的行为和决策关乎学校的发展方向和教育质量。因此，他们必须在思想上建立坚固的防线，保持清醒的头脑，展现出强大的抵抗力和坚定的立场，以免受到外界不良影响的侵蚀，这对高校发展来说至关重要。高校廉洁从政文化建设的根本目的在于使管理干部能够公平、公正、公开地处理学校事务。高校廉洁从政文化建设对确保学校各项工作的正常有序进行起到关键作用。管理干部需要确保权力的正确使用，以及利益的恰当分配，时刻遵循学术和教育领域内的道德操守和行为准则。在此基础上，管理干部应忠诚于教育事业，自觉成为师生的公仆，以敬业、精业、守业、创业的态度全面履行职责。高校作为传承文明、培养人才、传播知识、服

第三章 清风徐来：营造高校管理干部廉洁从政文化

务社会的重要阵地，其管理层在文化建设中具有不可替代的作用。高校管理干部不仅承担着日常管理和决策职责，更重要的是，他们在塑造校园文化和价值观念方面发挥着重要作用。因此，深刻理解并践行廉洁从政，是对高校管理者个人品德和管理风格的基本要求，也是对营造高校文化氛围的积极贡献。高校管理干部应将学习、研究和实践廉洁从政文化作为自己政治修养的一部分，深入领会其重要性和必要性。这要求他们在行为上体现出高尚的品格和廉洁的操守。这种品格和操守的根本在于自觉履行职责，为教育事业的健康发展贡献力量。

高校管理干部不仅是教育活动的组织者和推动者，还是廉洁文化的传播者。在加强廉洁从政文化建设的过程中，对高校管理干部进行全方位的教育和引导尤为重要，包括对他们的思想意识进行塑造，对他们的言行举止进行规范。这样做的目的是培养他们坚定的理想信念和良好的职业道德观念，使他们成为校园文化的领导者和示范者。高校管理干部应当坚持以师生为本，确立师生的主体地位，并以实现师生全面发展为目标。这需要他们以身作则，遵循勤政廉洁、公道正派的行为准则。在此基础上，高校管理干部要确保校园内各种资源的公平分配，保障师生的合法权益。这需要高校管理层形成共识并进行实践。在这个过程中，高校管理干部的导向和示范作用不可或缺，他们的行为和态度将成为打造和维护高校廉洁文化的重要基石。

在高校廉洁从政文化建设中，管理干部的导向和示范作用体现在两个方面。一方面体现在管理干部对廉洁从政文化的深刻理解和坚定践行上。他们除了自身严格遵守廉洁自律的准则，还将这一准则内化为日常工作的指导思想，以此引领全校师生共同营造积极向上的廉洁文化氛围。他们的行为举止、决策过程和道德标准，都在无声中向全校师生传递着廉洁自律的价值观。这种影响是潜移默化的，却能够深深植根于校园成员的心中，促使他们将廉洁自律作为自觉的行为习惯和价值追求。另一方面体现在管理干部在廉洁从政文化建设中扮演的教育者和引导者的角色上。他们通过制定和执行相关规章制度，对全校师生进行廉洁从政文化教育和引导。这种教育和引导不局限于知识的传授，还在于价值观念、思维模式和行为方式的塑造。在管理干部的引领下，全校师生能够逐渐形成一致的价值观念，以廉洁为荣、为乐，形成共同的文化追求。管理干部以身作则，树立勤政务实、廉洁奉公、敬业无私的形象，赢得校园成员的信任和尊敬。此外，管理干部的榜样作用对激发校园成员参与廉洁从政文化建设的热情至关重要。这种榜样的力量不仅能激励校园成员自觉践行廉洁自律准则，还能促使他们积极投身于廉洁从政文化的建设和发展中。由此形成的强大动力，是推动高校廉洁从政文化建设向更高水平发展的关键。

三、高校廉洁从政文化建设关乎党风廉政建设的开展

在高校中，廉洁从政文化建设为提升党风廉政建设水平提供了必要的思想保障。廉洁从政文化建设不仅影响高校管理层的决策和行为模式，还对广大师生的价值观和行为准则产生深远影响。树立和弘扬廉洁从政文化，可以有效地培育和增强高校成员的廉政意识，从而促进高校党风廉政建设的深入发展，确保教育事业的健康稳定发展。

（一）廉洁从政文化建设：高校党风廉政建设的核心部分

作为培育人才、传播知识、促进文明发展的重要基地，高校在党风廉政建设方面扮演着至关重要的角色。如今，高校的建设和发展步伐日益加快，随之而来的是资金投入的增加和管理的复杂化。在这种环境下，高校管理层相应的责任和挑战随之增加。个别管理者在面对巨大的权力和利益时，可能会出现以权谋私的情况，这不仅影响高校的健康发展，也对社会的公平正义构成威胁。因此，加强高校廉洁从政文化建设，是

第三章　清风徐来：营造高校管理干部廉洁从政文化

推进党风廉政建设的核心内容。文化的力量在于其深远和潜移默化的影响。一旦廉洁从政文化在高校得到广泛认可，它将对高校成员的行为模式产生根本性的影响，进而引导他们更好地践行廉洁理念。

廉洁从政文化建设通过其外在形式，内在地传播积极、正直的价值观和道德标准，以及制度规范，对高校管理干部的思想行为起到约束、规范和引导作用。此外，党风廉政建设不仅包括政治、经济和法律层面，还包括文化层面。加强高校廉洁从政文化建设，意味着要以先进文化填充管理干部的思想阵地，从而潜移默化地培养其道德情操，提升其思想境界。这种培养有利于形成尊崇正直的道德风尚，推动廉政规范制度的有效执行，并构建尊廉耻贪的思想道德基础和文化氛围。在高校环境中，廉洁从政文化建设不仅是内容上的要求，更是确保党风廉政建设顺利进行的强有力支撑。

（二）廉洁从政文化建设：高校党风廉政建设的内在动力

高校党风廉政建设的核心在于加强廉洁从政文化的推广。此举旨在将马克思主义的世界观、人生观、价值观，以及正确的权力观、地位观、利益观深入高校管理干部的内心，进而提升他们的思想政治素质与职业道德水平。实现这一目标的基础性工作在于利用文化的力量和手段加强对管理干部的廉洁从政教育。高校廉洁从政文化建设作为一种文化导向与激励，具有凝聚和约束的功能。有效的文化建设，有利于促使高校管理干部将廉洁理念内化为道德准绳、价值观念和行为准则。在文化建设过程中，无意识教育与自我教育的结合，对高校管理干部的道德修养和自我约束能力的提升尤为关键。当管理干部推崇并践行廉洁文化时，这种风气将逐步影响高校的每一个成员，从而形成一种积极向上、清廉自律的校园文化氛围。这种从内而外的自律，能有效减少不良行为，为党风廉政建设奠定坚实基础。反之，若忽视廉洁从政文化建设，高校党风廉政建设则缺乏持久的推动力，难以实现深层次的改革与发展。缺乏文化支撑的管理体系，易导致管理理念落后，进而影响整个高校的发展进程。因此，高校廉洁从政文化建设不仅是一种管理策略，还是一种深入人心的精神力量。

（三）廉洁从政文化建设：加强高校党风廉政建设的迫切需要

高校廉洁从政文化建设拓宽了廉洁从政宣传教育的领域，使宣传教育更具针对性和实效性。在此基础上，将反腐倡廉制度建设与高校廉洁从政文化建设相结合，可构筑内在文化道德修养与外在制度约束相结合的预防体系。高校廉洁从政文化建设使廉洁从政教育从单一的形式转化为根植于高校管理干部思想意识和行为方式的文化，进而有效作用于监督机制。这不仅有利于唤起管理干部的自我监督意识，还有利于使廉洁从政成为一种普遍的自觉行动。这样的文化建设，实质上是对"标本兼治、综合治理、注重预防"的反腐倡廉战略方针的深入实践。作为培育未来社会精英的重要基地，高校在文化建设方面的举措，对学生的价值观和行为准则具有深远影响。因此，高校廉洁从政文化建设不仅是构建教育、制度、监督并重的预防体系的重要组成部分，还是推动高校综合治理能力提升的必要途径。高校廉洁从政文化建设，可以有效地提升管理干部的道德水平和自律能力，从而在高校内部形成良好的风气。

第三章 清风徐来：营造高校管理干部廉洁从政文化

第三节 高校管理干部廉洁从政文化建设实施路径

一、坚定理想信念，增强廉洁自律意识

高校廉洁从政文化建设的关键在于坚定理想信念，增强廉洁自律意识。"以党性党风党纪教育为重点，加强对党员干部特别是领导干部的理想信念教育和廉洁从政教育。"[①] 理想信念作为政治信仰和世界观的体现，是推动高校管理者在行为表现上秉持廉洁自律原则的重要动力。理想信念既是治国理政的指导原则，也是高校管理者个人行为的导向。在高校中，管理者的理想信念应专注于教育质量提升，促进学术发展，更好地为师生服务。在坚定理想信念的过程中，马克思主义的立场、观点和方法为高校管理者提供了认识世界、指导实践的重要工具。

（一）树立马克思主义的世界观、人生观和价值观

树立马克思主义的世界观、人生观和价值观是高校管理干部的核心任务。高校管理干部需要深入研读马克思列宁主义原著，并确保行为实践与思想观念的一致。在日常管理工作中，高校管理干部应深刻反思"当官为什么、用权干什么、身后留什么"等问题。这种反思有助于清理思想上的杂质，促进自我提升。在思想改造过程中，自觉增强党性锻炼、提升精神境界，对在关键时刻保持清醒头脑、坚定立场至关重要。高校

[①] 崔常发，翟永远. 反腐倡廉建设学习读本[M]. 北京：国家行政学院出版社，2010：19.

管理干部应在改造客观世界的同时，注重改造自己的主观世界，从而奠定坚实的思想政治基础。不仅如此，高校管理干部还需要关注个人品行的修养，确保个人决策和行为均符合廉洁从政的要求。通过持续的学习和实践，高校管理干部能够在面对重大决策和挑战时，展现出坚定的理想信念和清晰的价值观念。这个自我增强、自我提升的过程，有助于个人成长和发展，同时对高校的健康运行和社会的整体进步具有积极影响。

（二）树立正确的权力观、地位观和利益观

理想信念的坚定不仅是个人品德的体现，更是高校管理干部正确行使权力的基石。在权力、地位和利益面前，高校管理干部需要保持清醒的认识，深刻理解权力的本质和责任。正确的权力观、地位观和利益观，是高校管理干部应当坚守的职业伦理。权力不应被视为个人利益的工具，而应被视为服务师生、推进学校发展的责任。在面对名和利的诱惑时，高校管理干部应自觉抵制，并确保在任何情况下都能保持公正和廉洁。此外，将责任视为义务，将义务视为服务的态度，对提升高校管理干部的管理水平、增强师生员工的归属感与认同感至关重要。高校管理干部应将全部心思和精力投入管理工作中，致力推动学校事业发展，为师生员工谋取更大利益。这种职业态度是确保高校稳定和谐发展的关键。在各种外部诱惑和内部挑战面前，高校管理干部应保持坚定的理想信念，用清醒的头脑和坚强的意志力，抵御错误思想和不良生活方式的侵蚀。

（三）树立科学发展观和正确的政绩观

在高校管理领域，树立科学发展观和正确的政绩观尤为重要。这要求管理干部秉持以人为本的原则，密切关注师生的需求和利益，全心全意为师生谋福祉。这种以人为本的理念，不是一种口号，而是需要通

第三章 清风徐来：营造高校管理干部廉洁从政文化

过实际行动来体现的价值观。首先，高校管理干部应大力弘扬求真务实的精神，坚持实事求是的工作态度。这意味着高校管理干部要力戒形式主义，杜绝浮夸之风，坚持问题导向，致力解决师生面临的实际困难。在这个过程中，管理干部要经常深入师生群体，进行实地调查研究，了解并满足师生的意愿和需求，从而更加有效地服务教育教学工作。其次，高校管理干部应关注教师的工作情况，为其教学和科研创造良好条件。这包括提供必要的物质支持，以及营造一个健康、公平、有利于教师专业发展的环境。这样的环境能够激发教师的工作热情，进而提高教育教学质量。最后，高校管理干部应以学生为本，将培养全面发展的学生作为工作的重中之重。这意味着在学生的学习生活全过程中，高校管理干部应当致力满足学生的学习和发展需求，促进学生健康成长。

（四）树立社会主义核心价值观

作为教育的重要参与者，高校管理干部的理想信念、道德修养直接影响高校的教育质量与学风建设。因此，他们应当以坚定的理想信念和实现党的宗旨作为自己树立社会主义核心价值观的精神动力和道德基础。在日常工作中，高校管理干部需要不断提升思想道德修养，从日常小事做起，用社会主义道德规范来严格要求和约束自己。在这个过程中，高校管理干部需要具备自我管理和自我监督的能力，勇于揭示问题，勇于正视并弥补自身不足。在高校中，管理干部对待工作，应表现出应有的谨慎和责任感。特别是在权力、欲望面前，要保持清醒，具备抵御诱惑的能力，坚守道德底线和职业操守，这对维护高校的良好学术环境来说至关重要。

（五）树立勤政廉洁的高尚官德

"官德"是廉洁从政文化建设的核心，也是干部思想品质、道德水平、精神境界的综合体现。面对日益复杂的教育环境，高校管理干部应当以勤政廉洁为准则，树立高尚的官德。勤政意味着高校管理干部要勤勤恳恳、兢兢业业的工作，其中包括对政治责任和工作使命的深刻理解。高校管理干部要将心思专注于学校事业发展和服务师生员工，通过实实在在的工作业绩展现其职业素养。在面对困难和矛盾时，高校管理干部应主动担当，积极探索解决问题的方法，确保工作的有效性和实效性。廉洁要求高校管理干部具备高尚的操守，重视品行，成为师生的楷模。在面对各种诱惑时，应保持清醒的头脑，展现出坚定的原则性和高尚的道德品质。此外，高校管理干部应积极弘扬正气，明辨是非，勇于坚持原则，敢于对不良风气说不，展现出坚定不移的决心和作出积极的行动。

（六）树立遵纪守法的纪律观念

高校管理干部的纪律观念，是其行为准则的核心。遵循党纪国法既是职责所在，也是对社会正义和秩序的尊重。因此，高校管理干部应深入学习相关法律法规，以此确保自身行为与国家法律、道德规范相符合。这要求他们具有强烈的纪律意识和法治观念，在实际工作中体现出廉洁自律和依法办事的精神。对纪律和法律的遵守，意味着高校管理干部需要排除各种可能的干扰，如个人利益、情感因素等，确保决策过程的公正性和透明性。在此过程中，权力的合理运用至关重要，这有助于防止决策失误，还能维护高校的利益。此外，高校管理干部应严格遵守党的各项纪律，如政治纪律、经济纪律等，保持高度的政治敏锐性和警觉性。在日常工作中，高校管理干部应以身作则，践行勤政为民的原则，与师生保持密切联系，主动接受监督，从而提高遵守纪律的自觉性。

第三章　清风徐来：营造高校管理干部廉洁从政文化

二、规范从政行为，增强廉洁自律自觉性

规范从政行为，增强廉洁自律自觉性，是构建和谐社会的重要环节。"任何一项伟大事业的背后，必然存在一种无形的精神力量。"① 根据该观点，高校管理干部增强廉洁自律自觉性，可以从教育强化、制度完善和加强监督三个方面进行。

（一）教育强化：筑牢廉洁从政的思想防线

高校需要特别强调对管理干部进行反腐倡廉教育，以筑牢廉洁从政的思想防线。思想引领行动，即对高校管理干部的教育应聚焦树立马克思主义的世界观、人生观和价值观，同时强化正确的权力观、地位观和利益观。这种教育的核心在于倡导艰苦奋斗、守法奉公的精神，以及立党为公、执政为民的理念。对高校管理干部，不仅应进行党的基本理论、基本路线、基本纲领和基本经验的教育，还应进行理想信念教育和从政道德教育，这有助于高校管理干部树立正确的价值观和道德观。此外，党的优良传统和作风教育、党纪条规以及国家法律法规教育也不容忽视。这些教育旨在引导高校管理干部形成自觉遵守法律法规和道德规范的行为习惯。高校管理干部是高校廉洁文化建设的关键。他们在管理工作中是否能够做到廉洁自律，直接影响高校廉洁文化建设成效的好坏。因此，加强对高校管理干部的反腐倡廉教育，是构建高校廉洁精神文化的基础。这不仅要求管理干部自身具备廉洁自律意识，还要求他们在实际工作中展现出高尚的道德品质和严谨的工作作风。

---

① 韦伯.新教伦理与资本主义精神[M].彭强，黄晓京，译.西安：陕西师范大学出版社，2002：3.

（1）开展主题教育。采取多种形式，如廉政讲座、廉政报告会等，有效地将廉洁从政文化植入高校管理干部心中。这不仅有利于提高他们的认识水平，还有助于形成良好的校园氛围。需要注意的是，主题教育不应停留在理论层面，而应通过实际行动，使高校管理干部深刻领悟到廉洁从政的重要性。

（2）典型教育。正面示范教育和反面警示教育双管齐下。对正面典型的学习，有助于高校管理干部树立正确的价值观，弘扬正能量。反面典型的警示，则有助于自身认清错误行为的严重后果，从而在心理上建立起对非法和不当行为的自然抗拒。

（3）法规教育。高校管理干部应深入学习党纪法规，通过撰写心得体会文章、参加法律知识讲座、参与党纪条规知识竞赛等多种方式，加深对党纪法规的理解。学习重要，实践更重要，高校管理干部在任何情况下都应严格遵循纪律，实现全面依法行政。

（4）形象教育。开展反腐倡廉图片展览、勤廉兼优个人事迹展示、参观预防犯罪警示教育基地、举办相关主题晚会及组织"红色游"等活动，可以有效地加深高校管理干部对廉洁自律的认识。这类直观形象的教育方式能够达到春风化雨般的教育效果，促进高校管理干部内化廉洁自律理念。

组织形式多样、内容丰富的廉洁精神文化建设活动旨在培养高校管理干部忠诚于教育事业的自觉意识。同时，高校管理干部应以身作则，坚守职业操守，通过自我修养和自律，树立正面形象，成为高校文化的积极推动者。需要注意的是，高校管理干部在自我提升过程中需要避免形式主义，注重实际效果，确保所进行的工作与活动具有深远意义和实际价值。在日常管理工作中，高校管理干部应坚持原则，不受私利驱使，以高尚的品德和坚定的意志力抵御不良风气，为校园营造一个清新、健康的环境。

（二）制度完善：用制度规范从政行为

规范从政行为，增强廉洁自律自觉性，离不开完善的制度。"制度好可以使坏人无法任意横行，制度不好可以使好人无法充分做好事，甚至会走向反面。"[①] 这一观点深刻揭示了制度在规范行为方面的重要性。制度既能制约，也能规范，是确保管理行为合理、有效的关键。

1. 制度的科学性是确保制度建设质量的关键

在现代高校管理中，制度的科学性是确保制度建设质量的关键。制度建设应以科学的理念、态度、精神及方法为基石，这要求制度构建要以科学理论为指南。

制度的制定必须深植于实际，任何脱离实际、与实际不符的制度，都是无效甚至有害的。因此，制度的制定不应仅是顶层设计，还应根植于高校的办学理念和方针，确保其服务于教育机构及师生员工。此外，稳定性也很重要。稳定性是保障制度文化得以内化于高校管理干部的自觉行动的关键。

2. 注重制度建设的针对性，构建完善的制度体系

高校管理是一个涉及多个领域，包括教学、科研、行政管理、后勤服务和资源配置等的复杂系统。因此，高校管理干部应当根据不同需求，构建合理的制度框架，以实现制度建设的协调性和相互支持。

高校管理的核心在于学校章程的制定，它是整个高校管理体系的基石，相当于高校的"宪法"。学校章程的存在，为高校管理干部提供了对学校各个方面管理的基本依据。此外，高校内部管理体制的建立和完善也至关重要。基于学校章程，高校应建立一套既符合高等教育发展规

---

① 巢峰. 邓小平思想理论大辞典 [M]. 上海：上海辞书出版社，1994：753.

律、又体现学校办学思想和理念的内部管理制度体系。这一体系应包括教师管理、人事管理、干部管理、后勤管理、校园安全管理和学生管理等多项制度，以形成稳固的长效管理机制。构建高校管理制度体系的关键在于确保制度的有效实施和监督。制度制定仅是第一步，更为重要的是制度的执行和反馈。因此，高校应建立起对管理干部办学治校行为的监督机制，以促进制度的不断完善和更新。

3. 注重制度建设的实效性及贯彻落实

在高校管理中，制度建设的实效性及贯彻落实是管理活动的关键环节。对于高校管理者而言，他们应严格依照制度办事，践行公道正派、公开公平的原则。高校管理干部应自觉以更高的要求约束自己，不断反思、校正自己的言行。此外，高校管理干部应树立制度面前人人平等的观念。对违反制度的人，必须严格按照制度规定进行处理，包括必要的批评教育和纪律处分。通过示范教育，高校管理者应引导师生树立对制度的崇尚和严格执行的习惯。这有助于形成一种自觉的、积极的制度执行的氛围。

（三）加强监督：规范公共权力运行

孟德斯鸠曾言："一切有权力的人都容易滥用权力，这是万古不变的一条经验。"① 此观点深刻地指出了权力运行中的潜在风险。高校管理干部作为教育体系中的重要力量，其行为规范对维护教育公正与效率至关重要，因而加强对其廉洁从政行为的监督尤为重要。这不仅是消除不良行为根源的关键，还是推进高校管理干部廉洁文化建设的有效手段。

---

① 孟德斯鸠.论法的精神：上册[M].张雁深，译.北京：商务印书馆，1997：154.

第三章　清风徐来：营造高校管理干部廉洁从政文化

1. 加强对重点人员的监督

对高校管理干部特别是各单位的党政"一把手"的监督，体现了高校治理体系和治理能力现代化的重要方面。

（1）明确监督的重点。明确监督重点应将领导干部的活动置于公共监督之下，同时应注意妥善维护其威信，以利于其顺利开展工作。这涉及如何平衡公开与保密，如何在保护个人权利与维护公共利益之间找到恰当的平衡点。

（2）建立健全监督体系是监督工作的基石。第一，严格执行校务公开制度，确保校内外各方能全面了解高校决策、财务等关键信息。第二，落实党内监督条例等相关规定，为权力运行提供明确的规范和界限。第三，建立健全高校信访工作制度，是实现权力监督的重要一环。通过建立健全校内申诉机制和情况通报制度，高校能够保障师生权益不受侵害。保障师生对高校工作的知情权、参与权和监督权，是实现权力在阳光下运行的关键。这不仅有利于增强高校管理的透明度，还有利于提升师生对高校发展的参与感和责任感。

（3）拓宽监督渠道。虽然传统监督机构的作用非常重要，但舆论监督以及高校内部的师生监督等的重要性也不容忽视。舆论监督有助于集中民众的智慧与力量，高校内部的师生监督则是从教育与学术的角度进行有效监督。这些多元化的监督渠道相互补充，共同构成了一个更加全面、有效的监督体系。

（4）转变监督方式。监督体系应从事后监督转向事前、事中监督，重点从对人的监督转移到对决策和行为的监督。监督方式的转变意味着高校管理干部尤其是领导干部，在行使权力时，必须置于更加透明的环境中。多元化的监督方式有利于覆盖可能的管理漏洞，从而更有效地规范高校管理干部的行为，促进高校管理干部廉洁从政，进而提升高校管理体系的透明度和公正性。

2.加强对重点环节的监督

作为培养人才和推进科学研究的重要机构，高校内部管理的规范性直接影响教育质量和学术研究水平。因此，加强对重点环节的监督，是对教育公正和学术诚信的维护。

（1）加强对干部选拔任用工作的监督。通过精准施策，确保干部选拔任用工作遵循正确的用人导向，符合党的干部路线和用人标准尤为重要。此举旨在确保选拔过程的公正性、合理性，避免偏颇与失误。具体而言，应严格遵守选拔条件和程序，避免主观任意和偏颇行为的干扰，确保选拔出的干部具备高效履职的能力和素质。高校作为知识传播和创新的前沿阵地，对干部的素质和能力具有更高要求。因此，监督机制的完善和实施，对提升高校管理效率、保障高校健康发展具有重大意义。只有选拔到合适的干部，并为他们提供充分发挥才干的平台，才能推动高校在教育、科研等方面取得更大成就。

（2）加强对资金运行环节的监督。在资金运行环节，监督力度的加强有助于确保资金透明、合规使用。实施经济责任审计制度，即通过定期或不定期地对管理干部进行经济责任审计，有效预防和减少管理层的不当行为。拓宽审计领域，加大审计力度，对确保资金的合理、有效运用具有重大意义。强化"收支两条线"管理，严格执行国家法定的收费项目和标准，对杜绝设置"账外账""小金库"至关重要。这种做法既可以从源头上预防和减少管理不当现象，促进资金的合法、透明使用，还可以有效提升资金管理的透明度和合规性，防止资金滥用和流失，从而确保资金在阳光下运行，为高校的稳健发展提供坚实的财务支持。

（3）加强对高校敏感事务的监督。高校是知识与人才培养的重要基地，对敏感事务的监督不容忽视。高校的敏感事务包括招生管理、基建工程管理、图书资料与教学实验仪器采购、后勤及产业管理、教师职称评定以及科研项目申报等方面。加强对敏感事务的监督，不仅有助于提高高校管理的效率和质量，还有助于促进教育资源的合理分配和利用。建立健全监督机制，如定期审计、透明化管理、多方利益相关者的参与等，对防止不当行为的产生具有重要作用。监督的实施应当注重细节，对各个环节的规范操作提出明确要求，同时确保监督过程的公正性和有效性。

3. 整合监督资源，形成监督合力

虽然高校已形成了相对独立且系统的监督体系，但在实际运行中，监督主体间的职能交叉与职责不明确，妨碍了监督效率的提高。因此，整合监督资源，形成监督合力成为当务之急。

第一，在现有监督体系的基础上，对各监督机构进行合理整合与优化，明确各自的职责范围，避免职能交叉与重复。第二，监督机构间加强沟通与协作，确保监督工作的协同性与一致性。为加强对权力运行及其后果的监督，实施相互监督机制、确保权力运用的合理性与合法性至关重要。在此基础上，充分发挥教代会（教职工代表大会）、工代会（工会会员代表大会）、离退休老同志等监督主体的作用，推动校务公开与党务公开，执行问责制与引咎辞职制等，促进权力运行的公开透明。对高校管理体制进行改革，以规范管理权力运行为核心，完善民主管理机制，推行教授治学、专家治校的模式，有效遏制高校行政化倾向，解决管理干部滥用管理权力的问题。通过这些措施，高校能够在监督与管理中实现更为健康、高效的运行，为高等教育的发展贡献力量。

三、抓好党风政风建设，营造廉洁从政的氛围

"党的作风，关系党的形象，关系人心向背，关系党的生命。"[①] 这一

---

① 江泽民. 江泽民文选：第三卷[M]. 北京：人民出版社，2006：291.

论断深刻揭示了高校党风政风与党的形象、民心走向及生命力之间的紧密联系。高校管理干部的行为举止，是高校党风政风的直接体现，影响着学校的整体形象和发展方向。高校廉洁从政文化建设应注重将"廉洁从政"的理念植入管理干部的思想深处。

（一）增加载体，建设阵地，丰富党风政风建设的形式

加强廉洁从政文化建设，对培育高校管理干部的优良管理作风具有积极作用。在这个过程中，将廉洁从政文化转化为管理干部的核心价值取向和自觉行动，是实现良好党风政风的关键。因此，高校需要在内部文化建设上下功夫，通过多元化的教育和实践活动，使廉洁从政理念深入人心，从而营造出廉洁、高效的管理环境。

1.将廉洁从政理念寓于文化建设之中

在高校内，廉洁从政文化建设不是形式上的规定，而是一种深入心灵的力量。通过创建浓厚的廉洁文化氛围，高校管理干部可以在日常工作中不断接受正面影响，逐渐形成与廉洁精神相一致的文化意识和精神品格。在此过程中，先进文化的力量成为抵御不良风气的重要保障。

（1）通过编撰校史、建设校史馆、举办校史知识讲座、组织参观校史馆等方式，开展校史校情教育。在这个过程中，重点宣传学校创业历程、成就，以及先进集体与个人的感人事迹。此举旨在弘扬崇尚科学、追求真理、艰苦奋斗、开拓进取的校园精神，增强管理干部对此精神的认同与践行。这样能够有效地促进管理干部继承和发扬学校优良传统，从而引导干部群体形成正确的价值观和行为模式。

（2）高校特有的文化元素，如校训、校歌、校徽、校标等，不仅承载着办学理念和治校精神，还是弘扬廉洁从政文化的重要平台。这些文化元素通过营造学校独特的文化氛围，间接地影响管理干部及师生的

第三章　清风徐来：营造高校管理干部廉洁从政文化

价值观和行为倾向。虽然这些文化元素本身并不直接转化为具体的奋斗目标或行为准则，但它们弘扬学校的核心价值观，有助于增强学校各成员的事业心和责任感。此外，高校在进行文化建设时，可以通过举办主题活动、开展教育讲座、创建文化墙等，更广泛地宣传和深化廉洁从政理念。

（3）高校作为培养管理干部的重要阵地，需要将艰苦奋斗、勤俭节约的精神深植于教育中，以加深管理干部对坚持艰苦奋斗、勤俭节约精神重要性的理解。此外，高校应致力营造一个高品位、积极向上的廉洁精神文化氛围。在这种氛围中，管理干部可深入思考、理解和感悟，从而实现灵魂的净化和人格的升华。这种文化氛围的塑造，对培育和建设廉洁从政文化至关重要。

2. 对廉洁从政环境文化建设的强化

在推进廉洁从政环境文化建设方面，高校需要充分发挥自身宣传舆论和环境文化建设的优势。借助校园内丰富的宣传资源和有效的组织架构，高校能够有效地弘扬党风政风，同时通过创新宣传手段和加强环境文化建设，为营造良好的政治生态提供支持。

（1）利用传统宣传阵地。校园广播、电视、报刊等媒体资源，以及党员活动室、电教中心和文化场馆，可以为宣传廉洁从政文化提供多元化的平台。这些渠道可以从多个层面和不同角度对廉洁从政文化进行广泛宣传，营造积极向上的舆论氛围。

（2）利用新兴媒体。通过利用新兴媒体，高校可以为廉洁从政文化建设注入新的活力。例如，高校可借助网络平台，推广廉洁从政文化。高校还可通过社交媒体、网络论坛等渠道，发布廉洁从政文化相关的教育内容，如廉政案例分析、廉洁从政的重要性讲座等。此外，利用数字媒体，如视频、博客等形式，展现廉洁文化的生动案例，能更有效地吸引高校管理干部的注意力，加深他们对廉洁文化的认识。

3. 开展主题活动，搭建教育平台

通过开展主题活动，构建教育平台，对高校管理干部进行廉洁从政教育，成为党风政风建设的有效途径。高校可发挥自身的资源优势开展主题活动，对管理干部进行深入教育。例如，高校可结合上级要求与实际工作，自主策划系列活动，如廉政故事讲述、画展、摄影展、歌曲演唱、征文比赛、知识竞赛等，旨在通过丰富多彩的活动，引导管理干部增强作风建设意识及廉洁从政自觉性。这些活动既要涵盖文化、艺术、教育等多个方面，还要贴近管理干部的实际需求和兴趣，以增强教育的吸引力和感染力。通过生动有趣的方式进行廉洁从政文化教育，不仅有利于提高教育效果，还有利于增强管理干部的责任感和使命感。此外，这些主题活动还能够提供一个交流和学习的平台，管理干部在参与过程中能得到思想上的启迪和精神上的提升。

（二）挖掘资源，提炼精华，拓宽高校党风政风建设渠道

党风政风建设在高校中的推行需要注重资源的深度挖掘与精华提炼，以实现建设内容与形式的和谐统一。高校应依据自身特点及地方文化特色，设计具有独特风格的党风政风建设活动，从而增强其实效性和吸引力。高校还应在现有基础上不断探索创新，确保党风政风建设既符合高校特性，又贴合管理干部的需求和兴趣。

1. 注重实现从"文件"向"文化"的转变

文化具有独特的导向功能，通过多样化的文化载体，可有效推进党风政风建设的深入开展。例如，原有的"文山"模式，即过度依赖文件形式对管理干部进行教育和管理，应转变为利用丰富多彩的文化形式，

第三章　清风徐来：营造高校管理干部廉洁从政文化

如廉政评论专刊、理论研究园地、电视广播专栏、网站等，以及廉政文艺节目、漫画展览、书法比赛等，创造出具有导向作用的廉洁从政文化氛围。举办具有地方特色的文艺节目和书画作品展览等活动，以身边人、身边事为素材，使内容有机融入本地文化中。例如，河南理工大学组织管理干部观看与地方特色豫剧相结合的现代剧《谢延信》，该剧以真实的典型事件为背景，获得了良好的教育效果。此外，廉政广告、廉政榜样群体、文化丛书等也是重要的文化载体。需要注意的是，在利用这些文化载体时，要注重创新，并结合高校的特点和实际情况，发挥文化的独特作用，以期使管理干部形成正面的价值导向。

2. 注重实现从"会场"向"广场"的转变

高校党风政风建设需要从传统的会议室教育模式，向更为开放和多元的广场文化模式转变。在传统模式下，文件学习、讲座听取、体会分享等往往缺少生动性和吸引力。为了突破这一局限，应将党风政风建设引向广阔的社会空间，借助广场文艺晚会等形式，将廉洁从政文化引入公众视野。广场文化的引入，不仅是活动场所的转移，更是文化熏陶方式的一种创新。在开放的广场空间，管理干部能够与广大师生直接互动，这不仅能丰富他们的文化生活，还能使廉洁从政理念在轻松愉悦的氛围中得到有效传播，达到润物细无声的效果。因此，高校应积极与社会各界深入交流合作，利用社会资源，拓宽党风政风建设渠道。例如，参与影视剧制作、参观廉政文化设施和红色旅游基地，利用展览馆、博物馆、图书馆、文化馆等社会资源，举办或参与廉政勤政展览和演出，这些做法不仅有助于增强活动的吸引力和感染力，也有助于扩大廉洁从政文化的影响。通过主动参与这些"广场"活动，高校管理干部能够在轻松愉悦的氛围中受正面影响，从而增强自身的廉洁意识。同时，通过与社会资源的结合，高校管理干部能够开阔视野，增强自身的文化素养和社会责任感。

3. 注重实现从"理论"向"实践"的转变

将党风政风建设从"理论"向"实践"转变,是构建健康校园政治生态的关键一步。实现理论向实践的转变,首要任务是摆脱传统的灌输式教育模式,转向互动与参与性更强的方法。这不仅有助于增强管理干部的责任感和廉洁自律意识,还有助于他们在参与的过程中自觉遵循相关规定。例如,通过"廉政格言进支部,文明帮教入处室"的活动,有效地将廉洁从政文化的种子播撒在校园的每个角落。此外,组织师生开展廉政文化建设座谈会、爱国歌曲大合唱等活动,不仅能增进师生对廉洁从政文化的认识,还能提升高校在廉洁从政文化建设方面的整体水平。这样的活动能够激发校园内部的正能量,引导全体师生思廉、促廉、保廉,从而形成良好的廉洁自律氛围。

4. 注重实现从"点面"向"全局"的转变

高校管理干部在推动党风政风建设的过程中,需要转变传统的"点面"教育模式,向全方位、全时段的教育体系转变。这一转变的核心在于,不仅关注高校管理干部在职业角色中的表现,更要关注他们在日常生活中的行为和心理状态。具体而言,应重点培养高校管理干部形成健康、文明的生活方式,鼓励他们在休闲时间培养高雅的兴趣和爱好,如赏花、下棋、听音乐、运动等。这些活动不仅能促进身心健康,还能促进知识技能的增长和性情的陶冶。通过这种全方位的教育,高校管理干部能够树立良好的形象,成为学校文化建设的积极推动者。教育模式的转变,旨在建立一种更为综合、深入的文化教育体系。这不仅是对高校管理干部行为的简单管控,更是一种深层次的文化熏陶和价值观的塑造。在这个过程中,高校管理干部的行为和态度直接影响着整个高校的文化氛围和价值导向。因此,他们应以身作则,自觉成为推动党风政风建设的传播者和践行者。

第三章　清风徐来：营造高校管理干部廉洁从政文化

（三）齐抓共管，各方参与，构筑党风政风建设"大宣传"格局

党风政风建设在高校廉洁从政文化建设中占据着基础性的地位。高校廉洁从政文化建设，既需要遵循文化建设的通则，又需要贯彻廉政建设的基本原则。与其他文化相比，高校廉洁从政文化的建设更加需要坚实的组织保障和良好的环境氛围。"以反腐倡廉'大宣教'格局为保障"的原则对推动廉洁从政文化建设至关重要。该原则旨在不断扩大廉洁从政文化建设的范围，丰富其内涵。然而，一些高校在此方面仍显得力度不足，在某些情况下仍存在纪检监察机关单独承担此重任的现象。因此，加强高校党风政风建设的关键在于构建一个"党委统一领导，党政共同负责，纪委组织协调，各相关部门协作配合，发挥各自优势，广大师生积极参与"的反腐倡廉宣教体系。在这个体系下，高校管理干部的责任在于确保反腐倡廉教育在学术领域的深入实施。这不仅要求高校管理干部树立良好的廉洁从政形象，还需要他们在组织、协调、实施廉洁从政文化建设过程中发挥领导作用。此外，高校管理干部应积极推动形成全员参与的文化氛围，促进廉洁文化内化于心、外化于行。

高校党委和行政部门需要加强对此项工作的重视，将其列为高校改革、建设、发展的重要组成部分。党委的统一领导和党政的齐抓共管，是确保党风政风建设正确方向和顺利推进的基础。通过整合相关力量，将党风政风建设纳入廉洁从政文化建设责任制体系，并确保责任明确分配到党委班子成员和各职能部门，能够形成有效的工作格局，实现各级相互监督、相互负责。此外，高校需要建立健全党风政风建设的领导机制和工作机制，从而有效地形成党风政风建设的整体合力。在此过程中，校级、院系和各职能部门的领导干部尤其是主要领导，应当发挥示范作用，以身作则，严格要求自己，其不仅是党风政风建设的倡导者，更是党风政风建设的实践者和推动者。

纪委需要与党委紧密合作，确保高校党风政风建设的组织协调工作得到有效落实。纪委在组织策划、责任分解、集聚合力以及督促实施等方面具有不可替代的重要性。克服旧有的"单打独斗"模式，是推动党风政风建设走向深入发展的关键一步。高校党风政风建设被纳入廉洁从政文化建设之中，这要求纪委与各相关部门协调合作，履行各自的职责。工会、共青团、学生会等组织，以及思政工作、学生工作、教学管理等部门，都应各司其职，发挥自身优势，共同为党风政风建设贡献力量。这种跨部门的协作不仅能增强高校内部的凝聚力，还能为文化建设提供多元化的视角和资源。各院系需要根据学校的总体要求和部署，结合自身实际情况，认真落实相关工作。这种从上至下的整合，有助于全校形成合力，从而实现资源的最大化整合。此举不仅能推动党风政风建设的深入发展，还能促进高校廉洁从政文化的持续进步。高校管理干部作为关键的推动者，承担着指导、监督和实施的重要职责。他们需要具备高度的政治敏锐性和强烈的责任感，以确保各项措施得到有效实施。这不仅是对他们个人能力的考验，也是对高校管理水平的重要考验。

第四章　学为人师：打造高校教师廉洁从教文化

打造高校教师廉洁从教文化是对高校科学发展的重要支撑，同时也是培养具备全面素质、符合社会主义事业要求的人才的关键。廉洁从教文化建设以提高师德师风为基础，旨在加强师德教育和完善监督机制，营造一个健康、廉洁的教学环境。

第一节　高校教师廉洁从教文化理论概述

一、廉洁从教与高校教师廉洁从教文化

在《周礼》中，"六廉"为廉善、廉能、廉敬、廉正、廉法、廉辨，即行善事、强能力、尽职责、正品行、守法纪、辨是非。"六廉"于当今社会对高校教师廉洁从教文化建设具有重要意义。

（一）廉洁从教

高校教师作为教育教学的专业人员，肩负着教书育人、培养社会主义合格建设者和可靠接班人的使命。[1]他们在提高民族素质、发展科学技术文化、促进社会主义现代化建设等方面均扮演着至关重要的角色。因此，廉洁从教作为高校教师文化的核心内容，对确保教育质量和促进社

---

[1] 金福尧.新形势下高校廉洁文化建设研究[J].学校党建与思想教育，2016（24）：79-80.

会和谐具有不可忽视的作用。高校教师不仅是知识的传递者,更是价值观的引领者。在日常的教学和科研活动中,教师具备高尚的职业道德,对塑造良好的学术环境、维护教育公正和促进学术发展至关重要。教师的行为模式和道德准则,直接影响着学生价值观的形成和人格的发展。廉洁从教的三层含义,如图 4-1 所示。

图 4-1 廉洁从教的三层含义

1. 廉洁自律

廉洁自律是高校廉洁从教文化的基石,它不仅关乎教师个人的品德修养,更是维系教育公正和提升教育质量的重要保障。廉洁自律要求教师自觉抵制金钱、名利的诱惑。在日常的教学、科研活动中,教师应避免利用职务便利为个别学生、单位谋取私利,包括不接受学生、家长、企事业单位以及教学设备、用具、教材销售方的财物赠予和宴请。[①] 通过这种自我约束,教师能够维护教育活动的公正性和纯洁性,为学生树立正确的价值观。廉洁自律也要求教师避免贪占集体与他人的财物,不侵占学生和他人的科研成果。这种自律行为有助于营造一个健康的学术环境。廉洁自律还要求教师不在职称评聘、定岗定级等活动中通过不正当手段谋取利益。这一点强调了教师在职业道德上的自我约束,有利于确保教育公平。

---

① 洪振涛. 论高校廉洁从教文化建设 [J]. 中共郑州市委党校学报,2011(3):117-119.

第四章　学为人师：打造高校教师廉洁从教文化

2. 公平执教

公平执教作为高校廉洁从教文化的重要组成部分，对提升教育质量、培养高素质人才具有至关重要的作用。公平执教意味着在教育教学活动中，教师应公平、公正地对待每一名学生，不因学生的籍贯、性别、智力、相貌、家庭状况等而区别对待学生，确保教育资源的平等分配。①

公平执教要求教师在评价学生的考试成绩、思想表现时，必须基于客观事实，避免个人情感的干扰，确保评价的准确性与公正性。在奖学金的评定、学生的入党推荐、就业指导、免试读研申请、出国留学等重要活动中，教师应一视同仁，确保所有学生平等地获取机会。公平执教不仅有助于构建一个健康、积极的学习环境，而且有助于培养学生的自信心、自尊心以及社会责任感，增强他们对教育体系的信任，进而激励他们更好地学习和发展。公平执教并不意味着对所有学生一律相同对待，而是在尊重学生个体差异的基础上，保证教育的公正性。这要求教师在教学过程中充分了解每名学生的特点和需求，从而采用不同的教学方法满足学生的个性化需求。

3. 严谨治学

严谨治学是保证高等教育质量和学术水平的基石。严谨治学要求教师以追求真理、探索真知为己任，将学术诚信视为职业行为的准则。在实践中，严谨治学体现为在申报项目、发表论文、出版著作及成果评奖等学术活动中，教师要严格遵守学术规范和恪守学术道德。这意味着教师要自觉抵制学术不端行为，如抄袭、剽窃、盗用他人学术成果或伪造数据、虚假报告。严谨治学还要求教师不应为了谋求私利而粗制滥造低劣的学术成果，不对他人的学术成果或建设项目做不实的评价与鉴定。

---

① 夏月梅. 浅论高校教师廉洁从教 [J]. 考试周刊，2013（66）：17-18.

此外，严谨治学还要求学校消除急功近利的学术浮躁之风，促进学术环境健康发展。学术浮躁往往导致学术界的短视和功利主义，损害学术研究的长远利益。[①]因此，高校在培养人才后备力量时，应强调严谨治学的重要性，使之内化于心，外化于行。

（二）高校教师廉洁从教文化

高校教师廉洁从教文化涉及教师在教学、学术研究和日常生活各个方面的价值观念和行为规范。该文化以廉洁自律为核心，以公平执教和严谨治学为基本特征，深刻影响着教师的思维方式和行为习惯，同时营造着高校的环境氛围。

高校教师廉洁从教文化涉及精神、制度、行为、环境等多个层面。从精神层面来看，高校教师廉洁从教文化主要强调教师的价值取向，即廉洁自律、公平执教、严谨治学为教师的核心职业操守。因此，教师应以廉洁为荣，以贪污为耻，将廉洁从教作为个人品格的基石和职业行为的准则。这对提高教师的职业道德水平、维护学术界的清正廉洁具有不可估量的价值。

从制度层面来看，高校教师廉洁从教文化体现为一系列具体的监督、约束和激励机制。高校通过制定相关政策，对教师在教学和学术研究中的行为进行规范和引导。这些制度既有监督性质，确保教师行为不偏离职业道德，也具有激励作用，鼓励教师秉持廉洁原则，致力教育事业。这样便把高校教师廉洁从教文化转化为实际可操作、可执行的行为准则。

从行为层面来看，高校教师廉洁从教文化体现在教师的日常行为中。在廉洁从教文化的引领和规章制度的约束下，教师的廉洁行为不仅是对规范的遵守，更是一种品德的体现和职业道德的实践。这有利于使廉洁

---

① 洪振涛.论高校廉洁从教文化建设[J].中共郑州市委党校学报，2011（3）：117-119.

从教文化成为高校教师群体的共识，进而形成一种积极向上的风气，影响学生。

从环境层面来看，高校教师廉洁从教文化体现在校园内的各种文化景观、活动中。例如，以廉洁从教为主题的雕塑、广场、格言警句等，在美化校园环境的同时，也在传递廉洁从教文化。此外，通过廉洁从教网站建设、廉洁人物评选以及对廉洁事迹的学习宣传等活动，高校能够有效地推广廉洁从教文化，激励教师共同营造一个清廉、正直的学术环境。

二、高校教师廉洁从教文化与高校廉洁文化的关系

高校教师廉洁从教文化在高校廉洁文化中扮演着不可或缺的角色。它不仅构成了高校廉洁文化的核心要素，更通过教师的日常行为和教学实践，对大学生的廉洁从学文化产生深远影响。教师的言行举止、教学理念，无形中传递着廉洁的价值观，这对塑造学生的品格和价值观至关重要。因此，高校教师的廉洁从教不仅体现了个人的道德修养，还是高校廉洁文化建设的基石。增强教师的廉洁从教意识，可以有效地促进高校廉洁文化的形成与发展，进而影响并提升整个社会的廉洁水平。因此，高校在推进廉洁文化建设时，应特别重视教师廉洁从教文化的培养和实践。

（一）高校教师廉洁从教文化是高校廉洁文化的重要组成部分

文化作为一种独特的社会现象，是人类长期创造的结果。在高校廉洁文化的框架中，廉洁从教文化是教师这一特定群体的职能和行为规范的集合。教师的职责不仅包括知识传授和学术研究，还包括塑造和传播

廉洁从教的价值观。

高校教师廉洁从教文化的核心在于培养教师的廉洁自律精神。教师作为学术传承和知识传播的主体，其言行直接影响学生价值观的形成和人格的养成。因此，教师的廉洁自律不仅是其个人品德的体现，更是学术环境健康发展的基础。当教师在教学和科研活动中能够做到廉洁自律，公平执教，严谨治学，就能够为学生树立良好的榜样，为高校营造清正廉明的学术氛围。高校教师廉洁从教文化与学生廉洁从学文化、管理干部廉洁从政文化之间存在密切的互动关系。这种互动不仅体现在相互影响上，还渗入文化价值观的内涵中。教师的廉洁从教行为能够潜移默化地影响学生的学习态度和行为准则，进而促进学生廉洁从学文化的形成。同时，管理干部的廉洁从政行为对教师的职业行为产生指导和约束作用。这种相互作用和支撑，使高校廉洁文化呈现出一种多元互补、共生共荣的态势。

高校廉洁文化与高校教师廉洁从教文化是一种包含与被包含、大系统与子系统的关系。高校廉洁文化作为一个包罗万象的大系统，包含教师、学生、管理干部等多个子系统。而高校廉洁从教文化作为这个大系统中的一个重要子系统，对大系统的发展和完善起着不可替代的作用。高校教师廉洁从教文化建设需要依靠全校师生的共同努力。这要求教师在日常的教学和科研工作中坚持廉洁自律，在日常教学和研究中积极实践和传播廉洁从教文化。只有当高校成员都意识到并承担起这一责任时，一个全面、成熟的高校教师廉洁文化体系才能真正形成。

（二）高校教师廉洁从教文化推动高校廉洁文化的建设与发展

高校作为知识传播与道德教育的重要阵地，其核心任务是培养具备全面素质的社会主义建设者和未来的接班人。其中，才与德的培养同等

第四章 学为人师：打造高校教师廉洁从教文化

重要，而廉洁作为品德修养的关键组成部分，其重要性不言而喻。

廉洁从教文化的核心在于通过教师的言传身教，树立和弘扬廉洁价值观。教师不仅是知识的传递者，还是价值观和道德观的示范者。他们的一言一行，不仅影响着学生的思想行为，还无形中塑造着学生的廉洁意识。因此，高校廉洁从教文化的健康发展，直接关系学生廉洁从学文化的培养，进而影响高校廉洁文化的构建。从更广泛的角度来看，高校教师廉洁从教文化是高校廉洁文化的基石。它不仅反映了教师队伍的道德水平，还是高校文化建设的重要内容。在推动高校廉洁文化建设与发展的过程中，重视和加强廉洁从教文化建设，无疑是提升高校文化素质和营造良好校园文化氛围的关键。这样的方式，可以更有效地培养既有才华又具备高尚品德的大学生，为社会输送更多优秀的人才。

高校的中心任务是教学，这项任务的有效实施，需要科学的教学体系和先进的教学方法，更需要教师队伍的廉洁从教。教师的言行在很大程度上影响着学校的文化氛围。因此，高校教师廉洁从教文化建设，有利于在校园内形成一种正面的风气，这种风气能够促使教师在教学过程中坚持公正、诚信的原则，为学生树立正确的价值观和道德观，从而有力地促进高校廉洁文化建设。高校教师廉洁从教文化对科研工作的影响同样不容忽视。科研工作是高校的重要职能之一，而教师是科研工作的主体。在这一领域，高校教师廉洁从教文化通过对教师的导向、激励和约束作用，有效地引导教师廉洁科研、公正学术，从而对抵制学术腐败、营造廉洁校园风尚起到积极作用。此外，高校廉洁从教文化对广大教师的修身、执教、治学均有深远的影响。教师的言行不仅代表个人，还代表高校的形象。因此，建设高校廉洁从教文化，不仅是对教师个人修养的提升，还是对培养优秀学生、提高教育质量的重要保障。

三、高校教师廉洁从教文化建设的基础

我国高等教育事业的发展，深受"尊重劳动、尊重知识、尊重人才、尊重创造"方针的影响。该方针的落实，不仅能够促进科教兴国、人才强国战略的深入推进，还能够为高校廉洁从教文化建设筑牢坚实基础。

（一）物质基础：高等教育投入不断增加

随着我国国民经济的持续平稳发展，高等教育投入不断增加，这为高校廉洁从教文化建设提供了坚实的物质保障。2005年，我国高等教育经费投入为3524亿元，到了2015年，这一数字增长到了9518亿元，增长了1.7倍。[①] 至2020年，全国高等教育经费投入更是达到了13 999亿元，比上年增长3.99%。[②] 在国家创新体系中，高校扮演着不可或缺的角色。它们是科技第一生产力、人才第一资源和创新第一动力的结合点。2016—2019年，高校科技经费总额达到了7820亿元[③]，这为高校在原始创新能力提升和关键核心技术突破方面奠定了坚实的物质基础。《2022年全国教育经费执行情况统计快报》显示，2022年国家财政性教育经费为48 478亿元，比上年增长5.8%。这不仅为高校的物质基础提供了支持，还为高校廉洁从教文化建设创造了良好条件。在经费充足的背景下，高校可以投入更多的物力于廉洁从教文化建设，包括完善教育管理体系、提升教学质量、加强师德师风建设等。同时，高校教师的工资待遇也在

[①] 方芳，刘泽云. 2005—2015年我国高等教育经费投入的变化与启示 [J]. 中国高教研究，2018（4）：78-85.

[②] 欧媚. 2020年全国教育经费执行情况统计快报发布 全国教育经费总投入超5.3万亿元 [J]. 中小学电教，2021（5）：56.

[③] 中国已建成世界最大规模高等教育体系 [EB/OL].（2020-12-04）[2024-07-01]. http://henan.china.com.cn/m/2020-12/04/content_41381745.html.

不断提高，这有利于提升教师的职业满意度和职业道德水平，从而促进廉洁从教文化的形成和发展。

我国始终坚持教师的平均工资水平应当不低于国家公务员的平均工资水平。这不仅体现了国家对教师这一职业的重视，还为提高教师的生活水平、增强其教书育人的积极性提供了保障。1994—2000年，国家实施的"广厦工程"更是大幅改善了教师的居住条件。此外，高校在福利分配方案的制定中，也普遍体现出向一线教师倾斜的导向，尤其是对高层次人才的优厚薪酬待遇，进一步凸显了对教师的重视。2018年1月，中共中央、国务院发布的《关于全面深化新时代教师队伍建设改革的意见》，对推进高等学校教师薪酬制度改革的要求，标志着教师队伍建设和高校改革的深入发展。这些政策和措施的实施，不仅提升了教师的物质生活水平，更为其致力教育事业创造了条件。仓廪实而知礼节，衣食足而知荣辱，教师无须为生计所困时，便更能专注于教学和育人工作，同时为高校廉洁从教文化建设提供保障。

（二）良好环境：尊师重教的社会氛围日益浓厚

1985年1月，第六届全国人民代表大会常务委员会第九次会议通过了关于设立教师节的议案，定于每年的9月10日为教师节，这充分显示了国家对教师职业的尊重及对教育事业的重视。教师节的设立，不仅是对教师职业地位的肯定，还是推动社会尊师重教氛围形成的重要举措。1993年10月，第八届全国人民代表大会常务委员会第四次会议通过了《中华人民共和国教师法》。该法的实施，为教师职业权益提供了法律保障，同时为廉洁从教文化建设奠定了基础。1995年3月，第八届全国人民代表大会第三次会议通过了《中华人民共和国教育法》，其中第三十四条明确规定："国家保护教师的合法权益，改善教师的工作条件和生活条件，提高教师的社会地位。"这不仅从制度上保障了教师的权益，而且促进了教师社会地位的提升，对营造尊师重教的社会环境、推动高校廉洁从教文化建设具有深远影响。

自 2018 年以来，我国在营造尊师重教的社会氛围方面取得了显著进步。2019 年，教育部等七部门印发《关于加强和改进新时代师德师风建设的意见》，该意见涵盖全面加强教师队伍思想政治工作、大力提升教师职业道德素养、将师德师风建设要求贯穿教师管理全过程、着力营造全社会尊师重教氛围等内容。这些举措和政策的出台，体现了国家对教育事业的重视，同时高校教师的社会地位得到明显提升，更多优秀人才被吸引至教育行业，从而为高校的廉洁从教文化建设注入了新的活力。

党和国家领导人对教师群体的高度重视和亲切关怀，有效地推动了尊师重教理念在全社会的广泛传播与深入人心。在这样的环境中，高校教师更容易感受到自己职业的价值。这种感受不仅是对个人价值的肯定，更是对其对教育事业贡献的认可。这不仅能促进教师学识的增长和人格魅力的提升，还能为高校廉洁从教文化建设提供坚实的保证。教师的这种积极姿态和努力，是高校教育质量提升和学术氛围优化的重要推动力。因此，尊师重教的社会氛围为高校廉洁从教文化建设营造了一种积极向上的社会环境，这对提高教育质量、促进学术进步、培养高素质人才具有不可估量的价值。

（三）思想奠基：高校教师队伍素质的提升

高校教师队伍的素质构建了廉洁从教文化建设的基石。高校教师群体普遍具备较高的思想政治素质和专业素养，以及科学的世界观、人生观、价值观等，这为高校廉洁从教文化建设提供了坚实的思想支撑。伴随着社会主义核心价值体系建设的深入推进，高校师德建设也在持续加强。2005 年，《教育部关于进一步加强和改进师德建设的意见》发布，标志着国家对师德的高度重视。同时，为有效促进教师队伍道德素质的

第四章 学为人师：打造高校教师廉洁从教文化

提升提供了支撑。

在高等教育领域中，孟二冬、方永刚等师德楷模的涌现，展现了教师个体的高尚品德，他们也成为引领教师群体进步的标杆和旗帜。他们的存在，是高校廉洁从教文化的生动体现，也是广大教师学习的目标。各高校开展的理论学习、法治宣传、廉洁教育、师德师风和"三育人"先进个人评选表彰等活动，有效提升了教师的思想政治素质。这些活动既提升了教师的自我修养和道德觉悟，又在校园内营造了以廉为荣、以贪为耻的舆论氛围。《教育部等六部门关于加强新时代高校教师队伍建设改革的指导意见》是党的十八大以来第一个全面系统部署高校教师队伍建设的文件，重点强调了四个方面：高校教师思想政治素质和师德师风建设、高校人事制度改革、细化落实教师评价改革以及提升教师的教书育人能力。这些内容的提出，是对高校教师队伍建设方向的明确，更是对高校廉洁从教文化建设的深化与推进。

（四）制度保障：法律法规制度的不断完善

高校廉洁从教文化建设，是确保教育事业健康发展的重要环节。其中，制度保障发挥着至关重要的作用。制度在规范高校教师行为、预防和惩治腐败方面具有不可替代的作用。自改革开放以来，我国高等教育法治建设迅速发展，相继出台了教育法、教师法、高等教育法、民办教育促进法等一系列法律法规，为高校廉洁从教文化建设奠定了坚实的法律基础。这些法律法规从多个层面对高校教师的权利、义务、职责、待遇、法律责任和行为规范进行了全面、详尽的规定。例如，教师法明确规定了教师的职业道德标准和行为规范，为教师行为提供了明确的指引。健全法律法规，不仅能为高校教师的正当权益提供保障，而且能对防范和惩治教育领域的腐败行为起到关键作用。

自 2005 年以来，我国在教育领域的法律法规体系得到显著加强和完善。《中共教育部党组关于贯彻落实〈建立健全教育、制度、监督并重的惩治和预防腐败体系实施纲要〉的具体意见》《中央纪委 教育部 监察部关于加强高等学校反腐倡廉建设的意见》《国务院学位委员会关于在学位授予工作中加强学术道德和学术规范建设的意见》等文件的出台，标志着高校反腐倡廉制度逐渐走向成熟。2008年，最高人民法院和最高人民检察院发布的《关于办理商业贿赂刑事案件适用法律若干问题的意见》，对教师的行为规范作出了更为明确的界定。该文件明确指出，教师利用教学活动的职务便利，以各种名义非法收受教材、教具、校服等物品销售方财物，并为其谋利，若数额较大，将依照刑法第一百六十三条，以非国家工作人员受贿罪定罪处罚。该规定为从根本上遏制和预防高校腐败提供了有力的法律支撑。

2014年，《中共教育部党组关于深入推进高等学校惩治和预防腐败体系建设的意见》明确提出："全面推进体现高等学校特点的惩治和预防腐败体系建设，是高等学校的重要战略任务和重大政治责任。"该意见的发布，标志着高校教师廉洁从教文化建设进入了一个新阶段。2018年，教育部正式印发并实施《新时代高校教师职业行为十项准则》《教育部关于高校教师师德失范行为处理的指导意见》。这两份文件的实施，为高校教师的师德师风建设提供了明确的指引和规范。《新时代高校教师职业行为十项准则》强调了教师在职业行为上应遵循的基本原则，而《教育部关于高校教师师德失范行为处理的指导意见》则对师德失范行为提出了具体的处理建议和措施。这些规范有利于提升教师的自我约束力。

高校教师廉洁从教文化建设在制度保障方面取得了显著进展。随着法律法规及制度的不断完善，高校的惩防体系日益健全。在这个过程中，高校着重完善了在教学、科研、招生、就业等关键领域的规章制度，有效削减了教师腐败行为的发生空间，为廉洁从教文化建设奠定了坚实的制度基础。以北京大学为例，在实施层面，北京大学将廉洁自律作为教师招聘引进、职称评聘等的重要条件，体现了对教师品德的高度重视。

第四章 学为人师：打造高校教师廉洁从教文化

特别是实行的"师德师风一票否决制"，更是突出了师德在教师选拔中的决定性作用。此外，教师在正式上岗前需要参加由学校纪委负责同志讲授的教职工纪法要求专题课程；入职后，教师还需要定期围绕《新时代高校教师职业行为十项准则》开展学习。经常性的师德师风教育和纪法教育活动，对保障高校的教育质量和师德风貌起到重要作用。北京大学的做法不仅为自身的教育质量提升提供了保障，还为其他高校教师廉洁从教文化建设提供了可借鉴的经验。

第二节 廉洁从教文化：高校廉洁文化建设的基础

一、高校教师：廉洁从教文化的主体

高校教师不仅是知识的传授者，更是价值观的引领者。在廉洁文化建设的过程中，教师的言行举止及对待工作的态度，对学生形成强烈的示范效应，从而于无形中塑造学生的职业观、人生观。

（一）高校廉洁从教文化主体的构成

在高校教师队伍中，专任教师占据主导地位，但除此之外，所谓"双肩挑"人员同样不可忽视。"双肩挑"人员通常是从教学科研队伍中选拔出来，既从事党政管理工作又兼任教学科研工作的人员。他们大多是高校的中层管理干部，是高校教师队伍的重要组成部分。高校教师廉洁从教文化建设对确保教育质量和维护学术诚信至关重要。廉洁从教要求教师在学术研究和教学过程，以及管理和服务工作中秉持公平公正的原则。对"双肩挑"人员而言，他们在教学科研与党政管理的双重工作中，更需要展现出高标准的廉洁从教行为。

（二）廉洁教育的组织者和实践者

廉洁教育既是高校廉洁文化建设的重要途径，也是提升教育质量、培养学生全面发展的必要条件。高校中层干部中超过一半为兼任教学科研工作的教师。他们不仅要贯彻执行学校的决策部署，还要负责推动廉

洁教育工作的具体实施。在廉洁教育的实施过程中，高校教师发挥着核心作用。作为学生日常学习和生活的指导者，教师通过言传身教，影响和塑造学生的价值观和行为准则。他们通过具体的教学活动、科研项目及日常与学生的互动，将廉洁理念融入学生的思想意识和行为习惯中。

高校教师在廉洁教育中担任着多重角色：既是廉洁教育的组织者，又是廉洁教育的实践者。廉洁教育是思想政治教育的重要组成部分。高校思想政治理论课教师承担着培养学生正确的世界观、人生观、价值观的任务，他们通过教学活动，引导学生树立正确的道德观，从而在学生心中播下廉洁、诚信的种子。在反腐倡廉教育中，形势政策课程教师的职责尤为关键。他们需要通过形势政策教育，引导学生认识廉洁的重要性，树立以廉为荣、以贪为耻的价值观。哲学社会科学课程在廉洁教育中也发挥着不可替代的作用，如哲学、政治经济学、政治学、社会学、法学、史学、新闻学等课程，不仅讲授知识，更重要的是引导学生正确认识和分析腐败现象，提高思想道德修养。此外，高校教师的育人功能不容忽视。高校教师肩负着挖掘廉洁要素、传播廉洁文化、教授廉洁理念的职责。为此，教师不仅需要传授专业知识，还需要通过课堂教学和课外活动，将廉洁理念融入学生的日常学习和生活中。

二、高校教师：学生塑造廉洁品格的示范带动者

高校教师廉洁从教文化建设的关键在于加强师德建设，发挥教师在廉洁教育中的示范和引导作用。教师的学识魅力和人格魅力，对大学生养成廉洁品格产生显著影响。教师通过自身行为向学生展示廉洁重要性的影响是深远、持久的，因为它直接关乎学生品质的塑造。

（一）廉洁从教：高校教师基本职业道德

教师是人类文明的传承者，担负着崇高的职业使命，社会赋予其"吐丝的春蚕""燃烧的蜡烛""塑造人类灵魂的工程师""太阳底下最光辉的职业"等美誉。这些美誉既反映了教师职业的重要性，也凸显了社会对教师的严格要求。"为人师表"是一种职业标准，更是一种道德准则，要求教师拥有高尚的情操、严格的自律以及身体力行的责任感。具体而言，教师应当坚持坚守高尚情操、知荣明耻、严于律己、以身作则、作风正派、廉洁奉公的原则。例如，教师应自觉抵制有偿家教、避免利用职务之便谋取私利等。坚持以身作则也是教师职业道德的重要组成部分。它要求教师不仅在课堂教学中，而且在日常生活中展现出高度的自律和廉洁奉公的品质，从而潜移默化地影响学生。

廉洁从教作为高校教师职业道德的核心，是建设高校廉洁文化的重要基石。作为学生品格养成的示范带动者，教师的言行举止对学生产生深远影响。因此，教师的廉洁从教不仅是个人道德修养的体现，更是对学生廉洁品格养成的重要引导。在高校中推行廉洁从教，既是对教师个人品德的要求，也是对整个教育系统质量和效率的提高。

（二）高校教师廉洁从教对大学生具有示范带动作用

在高校中，教师的认知态度、思维方式、价值取向及言行举止，都对学生的心理和行为产生深远的影响。高校教师廉洁从教不仅是个人职业道德的体现，更是对大学生进行廉洁教育的关键。教师的一言一行，尤其是在廉洁方面的表现，对学生的品格塑造具有潜在的影响。这种影响既可以是直接的，如通过日常教学和互动展示廉洁行为的重要性；也可以是间接的，如通过树立正面榜样，引导学生形成正确的价值观和行为准则。

教育在本质上是一种人格培养和灵魂塑造的特殊劳动。高校教师肩负着教书育人的双重使命，包括"言传""身教"两个维度。许慎的《说文解字》中写道："教上所施，下所效也。"这强调了教师行为对学生的深远影响。高校教师在传授知识的同时，承担着塑造学生人格、引领其心灵成长的责任。在高校中，教师的言行直接影响着学生对廉洁品格的理解和内化。教师的高尚师德不仅是对学生的直观教育，还在潜移默化地对学生的心灵进行熏陶。因此，高校教师在廉洁从教的过程中，应深刻认识到自身的影响力，不仅要关注传授知识（"言传"），更要通过自己的行为来教导学生（"身教"），以高尚的人格和严谨的学风，成为学生学习的榜样。

教师在传授知识之前，应先加强自我修养。当代大学生的特点在于对信息的敏感和对真实的追求。他们不仅关注教师在课堂上的教学，还重视教师在日常生活和职业行为中的表现。学生对教师是否能够做到廉洁自律、公平执教、严谨治学有着直观的感受和判断，这直接影响了他们对教师的信任度和尊敬度。如果教师在讲台上讲的与现实行为不一致，将会引起学生的反感。因此，教师需要养成廉洁的习惯、品格和价值取向。教师对学生的潜移默化影响，是任何强制性规定和理论教育所无法比拟的。

三、高校教师廉洁从教文化建设：高校党风廉政建设的重要组成部分

高校教师廉洁从教文化的作用不仅在于约束和规范教师的行为，更重要的是对教师的教学态度和教学方法、对学生的学习习惯和思维方式产生了深远的影响。高校教师廉洁从教文化建设是高校党风廉政建设的重要组成部分。

（一）高校党风廉政建设的主体之一：教师队伍

高校党风廉政建设是提高教育质量、构建和谐校园的关键，而教师队伍作为高校党风廉政建设的主体之一，承担着重要的责任。原因主要有两点。第一点，随着高校党建工作的不断深入，党组织在教师中的发展工作取得了显著成效。特别是在优秀青年教师、学科带头人和学术骨干中的党员发展工作，为高校带来了一批有业绩、有理想、有担当的专任教师和青年教师。这些教师的加入，不仅扩大了党员教师队伍的规模，还为高校带来了新的活力和发展动力。他们在教学和科研中体现出的专业精神和道德操守，成为高校文化建设的重要力量。第二点，高校中的管理干部，尤其是中层干部中存在着一定比例的"双肩挑"人员。这个群体的存在，对高校党风廉政建设尤为关键。这些人员在高校的管理、教学两个领域都有广泛的影响，他们的行为模式、价值观念对高校的整体风气和廉洁教育具有深远影响。对这个群体的正确引导和管理，对提升高校的整体道德水平具有不可忽视的作用。

党风廉政建设包括党风建设和廉政建设两大领域，前者关乎党的形象，后者则侧重政治品行的纯洁性。在高校中，党风廉政建设不仅涉及行政管理干部，更与广大教师队伍密切相关。教师队伍作为党风廉政建设的主体，承担着构建良好校园文化的重要任务。廉洁从教要求教师在教学和科研工作中坚持公正、严谨、真诚的态度，拒绝任何形式的不当利益，确保学术研究的客观性与公正性。通过师德修养的提升，高校教师可在日常工作和生活中树立良好榜样，影响和引导学生形成正确的价值观和行为规范。教师的这种廉洁自律和执教公平是个人修养的体现，也逐渐成为校园文化的一部分，影响整个高校的发展氛围。

第四章 学为人师：打造高校教师廉洁从教文化

（二）高校党风廉政建设的重要内容：教师廉洁从教文化建设

高校教师廉洁从教文化建设不仅是高校党风廉政建设的重要内容，还是高校党风廉政建设达成良好成效的关键路径。面对当前我国高等教育改革的攻坚期和发展的关键期，教师队伍在思想观念和利益诉求方面正发生显著变化。学校与社会的深入联系给教师队伍带来了一些挑战，如消极、不健康的社会因素对教师队伍的价值取向产生了影响。因此，高校教师廉洁从教文化尤为重要，不仅能增强党员教师的党性意识、民主意识和监督意识，也能在高校中形成崇尚廉洁、监督从教行为的良好氛围，还能有效地发挥党员在教师廉洁从教方面的示范带动作用。这个作用对高校党风廉政建设具有重要意义，能够引导全体教师形成正确的价值观和职业道德观，进而促进高校教育质量和社会形象的提高。不仅如此，加强高校教师廉洁从教文化建设，可以更有效地维护教育公平，保障教育质量，培养符合社会需求的高素质人才。

第三节　高校教师廉洁从教文化建设的实现路径

一、筑牢教师廉洁从教的思想基础

在高校廉洁从教文化建设中，筑牢教师廉洁从教的思想基础至关重要。作为社会主义意识形态的本质体现，社会主义核心价值体系是构建和谐文化的根基，同时为廉洁从教文化建设提供了指导思想和道德规范。加强社会主义核心价值体系教育，意味着要确保每位教师自觉坚持社会主义核心价值体系，带头实践社会主义荣辱观。这一做法有助于教师在日常教育与科研活动中遵循廉洁从教的行为准则。

（一）用马克思主义中国化理论成果武装高校教师头脑

在消除腐败问题的思想根源上，用马克思主义中国化理论成果武装高校教师头脑尤为重要。腐败问题的产生，源于世界观、人生观、价值观的异化。个别高校教师出现腐败现象，源于市场经济冲击下的价值观扭曲，以及在金钱和名利的诱惑前马克思主义信仰的动摇。因此，建设廉洁从教文化，需要从挖掘和铲除腐败滋生的思想根基着手。这需要建立一套廉洁从教价值体系，并将其作为主导，去挤占腐败生存的空间。该价值体系应与社会主义核心价值体系相适应，并成为高校教师的共同信仰和行为准则。

马克思主义理论强调人的自由和全面发展，这是高校教育的灵魂。高校教师作为教书育人的主体，其思想觉悟水平直接影响教育质量和人才培养质量。因此，巩固马克思主义中国化理论成果在高校意识形态中

第四章　学为人师：打造高校教师廉洁从教文化

的指导地位，对培养具备全面发展能力的社会主义建设者和接班人至关重要。这既是高校教育的出发点，也是其落脚点。为此，教师应树立共产主义远大理想，并学会运用马克思主义的立场、观点和方法分析问题。在市场经济条件下，教师应具备明确的是非观念和坚定的立场。同时，正确的世界观、人生观和价值观，不仅影响教师自身的思想行为，还影响学生的价值观形成和人格塑造。将马克思主义中国化理论成果纳入高校教师的思想教育，对培育教师的价值观具有不可忽视的作用。通过持续不断的思想教育，高校教师能够深刻理解并自觉实践这些理论。此举旨在将这些理论的精神实质内化为教师的日常行为准则，进而形成一种积极向上、廉洁自律的教育环境。

（二）借助中国特色社会主义共同理想提升高校教师境界

借助中国特色社会主义共同理想提升高校教师境界，对高等教育的科学发展、校园和谐以及学生成才具有深远意义。加强高校廉洁从教文化建设，可以有效促进高等教育的科学发展，进而为社会培养更优质的人才。高校作为人才培养的重要基地，承担着传承和弘扬中国特色社会主义共同理想的责任。通过加强思想政治教育、师德师风建设，可以有效地提升教师的思想境界，形成积极向上、廉洁从教的校园文化，从而有利于提升高校的教育质量。

高校教师的思想境界直接影响着教育质量和学生的全面发展。教师不仅是教学的主角，还承担着塑造学生品格、推动教育发展的使命。因此，廉洁从教不仅是对高校教师的基本要求，还是高等教育事业健康发展的必要条件。校园和谐作为师生共同的追求和人民群众的期望，要求教师不仅在教学上求真务实，更在品行上清正廉洁。教师的行为和教学态度能够在潜移默化中影响和培养学生，形成一种正向的、积极向上的校园文化。廉洁从教不仅是一种职业道德的体现，更是对高等教育质量和教育公平的重要保障。在人才培养方面，高校教师的言行对学生的品格具有深远影响。廉洁从教不仅体现了教师个人的品德修养，更是对学生进行正确价值观塑造的有效手段。在科学研究领域，廉洁从教同样重要。高校作为科学研究的重要基地，其学术环境的健康直接关系到国家创新能力的提升和现代化建设的速度。廉洁从教有利于净化学术环境，促进学术研究的健康发展，进而加速社会主义现代化进程。因此，将廉洁从教的要求与中国特色社会主义共同理想紧密结合，对提升高校教师的职业境界、凝聚社会共识、提高教师队伍素质具有重大意义。

（三）依托民族精神和时代精神，助力高校教师品行进阶

中华民族五千多年的悠久历史孕育了以爱国主义为核心的民族精神，在不断的社会进步与变革中，以改革创新为核心的时代精神随之诞生。这两种精神为高校教师的道德规范和行为准则的明确提供了指导。爱国主义作为民族精神的核心，能够增强教师对国家的认同感和责任意识，从而在教学过程中自然而然地弘扬爱国情怀，培育学生的国家观念与民族自豪感。时代精神中的改革创新精神则能够为教师提供前行的动力。对教学方法和教育理念的创新，不仅符合时代发展的要求，还是教育质量提升的必然选择。

廉洁奉公、清白做人，作为民族精神的体现，根植于中国传统文化之中，如"富贵不能淫，威武不能屈，贫贱不能移""志士不饮盗泉之水，廉者不受嗟来之食""出淤泥而不染"等，展现了卓越的道德追求和人格力量。此外，井冈山精神、长征精神、延安精神、西柏坡精神、雷锋精神、铁人精神、"两弹一星"精神、载人航天精神、抗震救灾精神等，既体现了时代精神，又契合了中国特色社会主义核心价值观。教师作为学术和道德的引领者，其品德对学生的价值观塑造和人格培养具有深远影响。因此，高校教师廉洁从教文化建设，不仅是对传统文化的继承，还

是对学生的负责。而高校则应充分挖掘和利用民族精神和时代精神资源，培养具有爱国主义、集体主义和社会主义思想的高素质师资队伍。

（四）践行社会主义荣辱观，引领高校教师风尚

正确的荣辱观是形成良好道德风尚和价值取向的基础，它对个人的行为准则、道德规范乃至价值评判标准均有深刻影响。在高等教育领域，社会主义荣辱观既是构建教师廉洁从教文化的核心内容，也是引导师生形成正确价值观的关键。在高等教育领域践行社会主义荣辱观，不仅涉及将个人的发展与国家、民族的命运紧密相连，还涉及将对祖国的热爱、对人民的深情转化为教育工作的动力。深入开展社会主义荣辱观教育，可以有效地引导教师将个人理想与国家、民族的发展紧密结合，进而通过教学和科研活动，培养出具有正确价值观和道德观的学生。

高校教师对科学的崇尚，体现了一种对真理不懈追求的精神。教师群体需要通过辛勤劳动和持续学习，传播科学知识、思想和精神，用科学创造力促进社会发展和进步。这种劳动不仅包括理论研究，还包括实践操作，以促使科学成果转化为推动社会发展的实际力量。在社会价值观塑造方面，高校教师应在困难面前展现团结协作的精神，在荣誉面前保持谦逊，在利益面前坚守风骨、气节和操守。这样的行为准则既可以为学生树立榜样，还可以向社会传递积极的价值取向。在面对诱惑时，高校教师应学法、懂法、守法，用法律法规约束自己的言行，自觉反对和抵制一切不良风气，如商业贿赂和有偿服务，成为遵纪守法、清正廉洁的典范。在获取工作成就感方面，高校教师应培养艰苦奋斗、勤俭节约的品质，保持一种奋发有为的精神状态。通过个人的人格魅力、学识魅力和有效的工作成果，赢得社会的广泛尊重。这种尊重既来自学术成就，更来自教师的高尚职业道德。

二、优良师德师风培育,增强廉洁从教自觉性

师德包括与之相适应的道德意识、道德观念和道德品质。师风则作为师德的外在表现,与师德共同构成了对教师职业行为的基本要求。由此,廉洁从教不仅是师德师风的核心组成部分,还是构建高校廉洁文化的重要内容。

(一)引导高校教师树立崇高的职业价值观

优良师德师风培育的关键在于引导高校教师树立崇高的职业价值观。职业价值观作为对待职业的信念、态度和价值倾向的体现,对教师的职业选择、行为和工作成果具有深刻影响。引导教师树立崇高的职业价值观,是解决个别师德、师风、师行问题的重要途径。为此,高校应通过有效机制,促进教师职业价值观的形成。

第一,引导高校教师深刻理解高校的本质、功能及在社会中的地位。高校作为知识与文化的传承地,担负着培养高素质人才、推进科学研究、服务社会发展的重任。教师应深入了解高校的起源、发展历程等,从而深刻认识到自己作为人类文明传播者的重要角色,明确自身在高校中的核心地位。此外,增强高校教师对高校的归属感同样重要。归属感的增强能够促使教师将更多的心思和精力投入人才培养、科学研究和社会服务。在增强归属感的过程中,高校教师的自我提升和自我约束至关重要。教师应持续提升自身专业素养,同时增强廉洁从教的自觉性,这对构建健康、积极的教育环境营造至关重要。这些措施可以有效提升高校教师的整体素质,为培养更多高素质人才提供坚实的师资保障。

第二,引导教师深入理解其职业的本质、产生和发展历程,以及肩负的重大责任和光荣使命。高校教师需要认识到人民群众对其履行教书育人职责的殷切期盼,理解社会对高等教育质量的要求,由此高校教师

能更好地履行教书育人的双重职责,为学生提供高质量的教育服务,同时为社会培养有用之才。

第三,高校教师需要正确认识廉洁从教的基本内涵与重要意义。廉洁从教不仅是职业道德的标准,还是高校教师职业素养的体现。教师应深刻理解廉洁自律、公平执教、严谨治学等教师职业道德的基本要求。这些要求不仅构成了教师专业行为的核心,还是建设健康、高效教学环境的基石。高校反腐倡廉工作面临的严峻形势需要得到足够重视。个别教师的贪腐现象对教育事业造成的严重危害,是当前教育领域亟待解决的问题。高校教师深刻认识到这个问题的严重性,对增强其廉洁从教的自觉性具有重要意义。

(二) 加强师德师风教育

正所谓"教育者必先受教育",将廉洁教育纳入师德教育至关重要。这种做法不仅符合教育本质,还能有效推进高校教育系统的全面发展。

1. 抓好舆论引导,充分发挥廉洁从教环境文化的作用

高校应抓好舆论引导,利用廉洁从教环境文化为师德师风教育提供支撑。通过舆论引导,可以有效地增强教师对廉洁从教重要性的认识。

高校可以利用校园媒体、网络平台等,发布廉洁从教相关的信息和案例,促使教师时刻保持对师德师风重要性的认识。高校还可以举办师德师风教育专题讲座、研讨会等,为教师提供学习和交流的机会,深化他们对廉洁从教文化的理解。此外,高校应完善师德师风的考核与激励机制。通过制定明确的师德师风评价标准和考核流程,确保教师在日常教学和科研工作中严格遵守职业道德规范。同时,对表现突出的教师,应给予适当的表彰和奖励,从而增强其他教师遵守师德师风的积极性。这些措施,不仅能提升教师的自我修养和职业素养,还能为学生营造一

个更加健康、和谐的学习环境，从而促进高校教育质量的提高。

2.抓好教育培训，建设廉洁从教精神文化

高校应以教师岗前培训、假期培训、专题教育、理论学习以及支部活动等多样化的教育途径，全面提升教师队伍的师德水平。通过学习座谈、经验交流、专题报告、巡回宣讲及案例教育片观看等灵活多样的方式，使教师深入了解教师法、教育法等相关法律法规，以及学校的规章制度。这个过程不仅有助于教师清晰认识到自身的权利和义务，还有助于增强教师的师德意识和法纪意识。为确保教师依法执教、履职尽责，高校应定期组织教师开展组织生活会，促进师德师风的自我检视和相互监督。在实际操作中，高校可结合自身实际情况，制订有针对性的培训计划和教育方案，确保教育内容的时效性和实用性。

3.抓好道德实践，建设廉洁从教行为文化

抓好道德实践的重要任务是增加道德实践活动。高校可以定期组织公民道德建设讲座、研讨会等，使教师在学习中不断提升自我。高校还可以通过教师职业技能竞赛、课堂教学观摩比赛等形式，激发教师的专业热情，提升教师的教学能力。评选表彰活动是促进师德师风建设的重要手段。通过评选优秀教师、模范教师、师德师风先进个人、"三育人"先进个人等，树立一批师德高尚的先进典型。这些先进典型的事迹和精神，能够深刻影响和激励其他教师，从而形成积极向上的教育氛围。高校应积极倡导"为人师表、言传身教、率先垂范"的教育理念。教师则应以身作则，用自己的知识、人格魅力影响和教育学生，这对提升学生的道德素养、学术水平及综合能力具有不可估量的价值。

（三）大力弘扬尊师重教的良好风尚

尊师重教一直是中华民族的文化传统，如《荀子》所言："国将兴，必贵师而重傅。"尊重教师，实际上是对劳动、知识、人才、创造的尊重，而这些都是社会发展不可或缺的要素。尊师重教是教师评价自我价值、增强职业自豪感、激发工作热情的关键。尤其对高校教师而言，这种尊重和重视能够使他们更愉快地工作，感受职业的价值，从而更加积极地投身于教书育人、服务社会的事业中。积极推动尊师重教的良好风尚，旨在将尊师重教的传统美德转化为具体、生动的实际行为。这不仅是对传统文化的传承，更是对现代社会价值观的积极引导。此外，制度规定的严格执行、日常教育的督导强化以及对教师权益保护力度的加大，共同构建了优良师德师风培育的坚实基础。激励教师成为具备良好师德、学识渊博、教书育人能力强、积极进取的高素质教师，不仅是对个体教师素质的要求，更是对整个教育体系的完善。

（四）为高校教师创造良好的环境

"要满腔热情关心教师，努力改善教师的工作、学习、生活条件，为教师教书育人创造良好环境。"[①] 良好的工作环境不仅能够激发教师的职业热情，还能促进教师的专业成长和道德修养提升，从而有效提高教学质量。

树立"人才是第一资源""全心全意依靠教职工办学"的理念，既是教育发展的需要，也是社会进步的必然要求。高校应确保教职工依法行使民主参与、民主管理和民主监督的权利。这有助于增强教师的主人翁意识，以及他们对教育事业的责任感。依法治校和民主管理是高校发展的基石。这不仅能确保教育活动的正常进行，还能保障教师的合法权益，

---

① 张君.中小学教师：职业道德教育读本[M].沈阳：辽宁大学出版社，2009：133.

从而构建和谐、稳定的校园环境。此外，改善教师的工作、生活条件，认真解决其实际问题，对提升教师的教育教学水平和科研能力，有着直接且积极的影响。

建立校内利益调节机制是创造良好环境的关键一环。高校在津贴分配方面应遵循"效率优先，兼顾公平"的原则。这意味着津贴分配应向高层次人才和拥有高水平成果者适当倾斜，这能有效激发教师争创一流业绩的热情。考虑到不同院系、学科和不同类型教师的具体情况，高校需要分类设定教学与科研工作的业绩点。这一措施可以发挥分配制度的激励功能和导向作用，从而在教师群体中形成既团结协作又适当竞争的良性机制。这种机制有助于促进教师之间的合作与交流，同时为他们提供展示才华和成果的平台。在此基础上，高校应不断优化和调整内部管理制度，在关注教师权益的同时，关注教师的专业成长和心理健康需求。

高校应对青年教师的成长与发展给予高度关注。为此，高校可通过多种途径，如岗前培训、资深教师的"传帮带"机制等，促进青年教师的成长。这样做有助于青年教师快速明确自己的职业目标，掌握教育教学的基本规律，提高教学质量。为了进一步提升青年教师的科研能力，高校可设立青年基金、博士基金等，加大对青年教师的科研支持力度，鼓励高层次人才与青年教师及中低职称人员共同开展科学研究，这不仅能增强科研团队的整体实力，还能促进青年教师的职业成长。通过这些方式，高校可以为青年教师创造一个积极向上、自主发展的和谐环境。在这样的环境中，青年教师能够在关爱的氛围中不断修炼师德，同时在和谐的氛围中展现师德的魅力。

三、严格规范教师的教书育人行为，确保其廉洁从教

严格规范教师的教书育人行为，确保其廉洁从教，是高等教育发展的重要内容。在廉洁从教方面，高校必须坚持自律与他律相结合的原则，通过完善的制度约束教师的行为，确保教师在法规和道德的双重指引下行事。高校教师廉洁从教制度不仅要明确规定教师的权利和义务，还要清晰界定教师行为的边界，确保教师明白自己应做和不应做的事。

（一）制定高校教师道德行为规范

没有规矩，不成方圆。教师作为传道、授业、解惑的主体，其道德行为直接影响学生的学习和成长。制定高校教师道德行为规范，是确保教师能以正确的态度、行为和作风履行工作职责和社会责任的基础，更是教师履行教书育人职责和廉洁从教的关键环节。这样的规范，能够有效减少教师的不良行为，为学生提供一个健康、积极的学习环境。

1. 建立健全高校教师职业道德规范

加强高校教师道德行为规范，制定并完善高校教师职业道德规范尤为关键。此举旨在确保教师廉洁从教。高校教师职业道德规范应涵盖爱岗敬业、关爱学生，刻苦钻研、严谨笃学，勇于创新、奋发进取，淡泊名利、志存高远，以及廉洁从教等方面，以确保教师职业行为的规范性。各地高等教育主管部门和高校需要依托国家统一的职业道德规范，结合本地区的具体情况，对高校教师职业道德规范进行进一步的细化和具体化。制定和实施高校教师职业道德规范的关键在于确保该规范具有明确的导向性和强大的可操作性。这要求规范的内容具备科学性、具体性和周密性，确保能够全面覆盖教师的职业行为，并易于实际操作。这对提

升高校教师的整体素养、确保教育活动健康有序进行,以及促进学生的全面发展具有深远影响。同时,这有助于构建更加和谐的教学环境,促进高校教育事业的长远发展。

2. 建立健全高校教师行为规范

高校应根据自身实际情况,制订具体的教书育人规范。这些规范应覆盖教师集体备课、课堂教学、实践教学、课外辅导答疑,以及学生课程考试及第二课堂活动等多个方面。其中,高校教师的教书育人和廉洁从教要求应被特别强调,以期为教师提供明确的行动指南。这有助于提升教师的职业道德水平,确保教育活动的正当性和有效性。建立和完善高校教师学术行为规范也至关重要。具体来说,应对教师的学术论文发表、科研项目申报、科研项目实施以及科研成果的署名、评奖等活动设立规范性要求,从而保证学术活动的公正性和科学性。其中,明确规定学术带头人、科研项目负责人、评审专家、学位评定委员会等各类教师的学术责任,对规范学术行为、杜绝学术不端行为非常重要。这一举措对提升高校教师的学术水平和职业道德水平具有重要意义,同时有助于维护学术领域的健康发展。

(二)健全高校师德考评体系

健全高校师德考评体系,对加强师德师风建设、促进廉洁从教的制度化和规范化具有至关重要的作用。当前,我国高校教师的业绩考评主要依据三大指标,即教学工作量、科研成果和师德师风。然而,由于师德师风不容易量化,导致在实际操作中,部分高校出现重视教学和科研实绩,而忽视师德师风评价的情况。为了有效解决这一问题,高校应当制定出具有针对性和可操作性的师德考评标准。这些标准应涵盖教师在日常教学、科研工作中的道德行为,以及与学生的互动的表现。需要注意的是，考评体系标准结合各高校的具体情况，既要符合教育部门的总体要求，又要考虑到高校的特色和实际需要。通过建立和完善师德考评体系，可以更好地监督和引导高校教师廉洁从教，确保教书育人的过程中师德师风得到有效体现。

1. 实行分级考核

实行分级考核不单针对教师个人，还涵盖教师所在的院（系），以增强院（系）在师德师风建设和廉洁从教教育方面的积极性。分级考核可以将责任具体落实到院（系）层面，从而实现从顶层到基层的全覆盖，从而通过对高校教师及其所属院（系）的全面评估，提升教师团队的整体素质。这不仅有助于确保教师的师德水平，还有助于建立一种良好的教学环境和文化，从而提高教育质量。

2. 合理确定考评内容

在师德考评体系中，师德师风应作为教师业绩考评的重要内容，其中廉洁从教更为重要。在具体操作上，对爱岗敬业、依法执教、关爱学生、为人师表、严谨治学、廉洁从教等进行详细分解，尽可能实现量化，为每一项指标设定明确的权重和扣分要点。这样量化能够使师德考评更加客观、公正，不仅能够客观评价教师的业绩，而且能够有效促进教师队伍的整体素质提升。考评结果应根据量化标准划分为不同等级（优、良、中、差），以激励教师不断精进自己的师德修养。

3. 科学确定考评方法

师德考评体系的建立，旨在通过科学、民主、公开、公平和公正的考评方法，全面评估教师的师德表现。考评方式的设计应充分考虑多元评价机制，包括教师自评、教师互评、学生评价等，确保评价过程的客观性和全面性。更重要的是，考评体系应突出教师在整个考评过程中的主体地位。这意味着教师不仅是被评价对象，也是参与评价的重要一环。通过这种方式，教师能够更好地理解和接受考评结果，同时增强考评结果的说服力和有效性。全面、公正的评价，有助于激励教师不断提高自己的师德水平，更好地履行教书育人的职责。

4. 合理运用考评结果

在完成考评后，除了需要将考评结果进行公示，还需要将考评结果直接反馈给教师本人。对于师德考评表现优秀的教师，应给予其物质和精神上的奖励，以激励其继续保持和提升职业道德标准。对考评不合格的教师，则需对其进行必要的批评教育，促使其认识到自身存在的问题，并致力改进和提高。通过这样一个科学严谨的考评体系，高校教师能更加客观地认识自己的师德修养，从而不断完善自我。

（三）建立健全高校教师廉洁从教监督机制

严格规范高校教师的教书育人行为，确保其廉洁从教，关键在于加强对其行为的监督。高校教师普遍具备较强的民主意识、监督意识和维权意识。因此，对高校教师廉洁从教行为进行监督尤为重要。为此，高校应在内部建立有效的监督机制，使之成为高校文化的一部分。通过这种方式，可以有效减少高校教师的不廉洁行为，促进高校教师廉洁从教文化建设的开展。

1. 加大重视力度

高校纪检部门应加大对教师廉洁从教的重视力度，将其作为纪检监察工作的重点之一。为此，高校可采取多种措施，如分解落实党风廉政建设责任、签订廉洁从教责任书、开展党风党纪教育及法制宣传教育等，增强教职工参与反腐倡廉建设和廉洁从教监督的责任意识。此类监督机制的建立和完善，对促进高校健康发展具有重大意义。通过明确的监督领导和具体的执行措施，高校教师的职业道德将得到有效保障，同时有助于提升教育质量和教师队伍的整体素质。

2. 共同参与监督

高校可以组织由学校领导、职能部门负责人、院（系）负责人、教师代表及学生代表等组成的教师廉洁从教监督小组。该小组的主要职责是定期对教师的廉洁从教行为进行检查和督导，确保其符合规范和要求。此外，为强化监督效果，高校可采用更多手段和渠道。例如，通过设立"廉洁从教信箱"、发放廉洁从教监督卡等方式，方便师生员工提供反馈和建议。这些措施的实施，有助于构建一个社会、学校、师生共同参与的监督体系，从而更有效地保障高校教师廉洁从教。

3. 多元化监督

在实施监督的过程中，对教师开办的考研辅导班、英语、计算机等级考试，以及各种证件考试辅导班的严格审核、备案与管理尤为关键。这项措施能有效防止乱收费等不正之风，保障教育资源的公平分配。校领导、教学督导组的听课制度的实施，以及教师和学生的评价机制，对提升教学质量具有积极作用。这些机制能够促进教师教学方法的不断改进和更新，同时为学生提供反馈教学质量的渠道，从而形成良性的教学互动和监督体系。在课程考试的监管方面，建立课程试卷库，严防个别教师通过泄题漏题谋取私利，这对保证考试的公平性、有效性至关重要。在学生的选拔方面，加强对研究生录取、学位授予、学生评先评优、入党积极分子推荐、奖学金和助学贷款发放等方面的监督，是确保选拔和奖励过程透明性与公正性的关键。同时，对高校教师科研活动的监督也不可忽视。特别是对横向科研的管理，应当引导教师正确处理科研与教学的关系，不能厚此薄彼。其中，对学术带头人、科研项目负责人、评审专家等关键人员的教育、管理和监督，以及科研项目、科研成果的管理，也是构建建立监督机制的重要组成部分。这些措施，不仅可以防范和减少教师的学术不端行为，还可以提高学术诚信度，促进健康、公正的学术环境的形成和完善。在建立健全高校教师廉洁从教监督机制的过程中，关注细节是关键。监督机制的建立需要明确的规则和制度，以及有效的执行措施，旨在确保规则得到严格执行，违规行为得到及时纠正。

（四）完善高校教师廉洁从教激励机制

完善高校教师廉洁从教激励机制，对增强高校教师廉洁从教的内在动力，调动其遵循职业道德、廉洁从教的积极性具有重要意义。激励机制旨在通过正向激励，提升高校教师的师德修养，进而促进廉洁从教文化建设。有效的激励措施包括但不限于职业荣誉的认可、物质奖励、职业发展机会。对教师廉洁从教行为的认可和奖励，可以增强教师的自我满足感和职业成就感，从而激发其更大的工作热情、砥砺其更加纯粹的敬业精神。同时，这种正向激励有助于形成一种积极向上的职业氛围，使廉洁从教成为高校教师群体的共同追求。

1. 奖励和惩处相结合

对于恪守师德、廉洁从教的教师，应给予其充分的表彰和奖励，这是对其个人努力的肯定，也是对优秀师德的鼓励和推广。对于师风不正、师行不廉的个别教师，必须对其采取批评和惩处措施。这样不仅能有效遏制不良行为的再发生，而且能起到警示作用，促使其他教师自觉遵守职业道德规范。在高校教师职称晋升、评先评优、年度考核、教学科研奖励及校内津贴分配等方面，高校应增加廉洁从教指标的权重。这样能有效促进教师群体将廉洁从教的要求内化为自觉遵守的行为习惯。对违反职业道德的教师，高校应采取更为有效的惩罚措施，确保对其的惩罚远超其个人私利。这能有效阻止不良行为的发生。对严重违反职业道德的教师，高校应采取离岗培训、待岗、辞退乃至追究法律责任等措施。

2. 物质激励和精神激励相结合

对高校教师而言，颁发奖牌和奖状这种奖励不仅是对他们个人的认可，更是对他们对教育领域的杰出贡献的肯定。这种精神激励可以激发教师的教育热情，提高他们的工作积极性。然而，仅依赖精神激励是远远不够的。物质激励在高校教师的激励体系中同样重要。虽然精神鼓励可以提供一种道义上的认可，但物质鼓励能直接影响教师的生活品质和工作积极性。高校应确保教师的工资待遇公平合理，同时要考虑到教师的工作贡献和表现，给予相应的薪酬奖励。不仅如此，津贴分配和工作条件也应该得到充分的关注，以保障教师的基本福利和工作环境。这些激励措施可以帮助高校留住优秀的教师，吸引更多的人才加入教育领域，从而提高整个高等教育系统的质量。在高校教师的激励措施中，强调精神激励为主、物质激励为辅的原则十分重要。这意味着精神激励应被视为更为重要的激励手段，而物质激励则是在一定条件下的补充。这有助于维护教育的纯粹性和价值导向，不让物质利益成为教育的唯一追求。同时，高校应建立明确的评价体系，将师德高尚、廉洁从教的表现纳入教师绩效考核中，确保物质激励的公平性和合理性。

3. 榜样激励和事业激励相结合

在高校中，忠诚于教育事业，不谋取个人私利的教师，为学生的成长和发展贡献了巨大的力量。对这些优秀教师的大力宣传和表彰，可以激发更多教师的积极性，使他们在教书育人的过程中更加注重师德和廉洁从教。高校可以通过职称评聘、进修深造、出国留学等方式，为表现突出的教师提供更多的事业发展机会。在教育领域表现突出的教师通常拥有更高的职业满意度和敬业精神。因此，为这些教师创造更多的发展机会，可以激励他们更加努力地投身于教育事业中，同时提高高校的教育质量。高校还可以利用学校事业发展、学科专业建设前景及个人发展前途等方面的激励手段，鼓励每一位教师积极参与廉洁从教。激励机制对师德素养的提升和职业责任感的增强具有显著的正向影响。因此，高校应通过提供更好的职业发展机会和激励措施，来鼓励教师自觉遵守廉洁从教的原则。

四、开展多元化活动，引导廉洁从教深入人心

（一）开展"师之光"师德师风建设活动

开展"师之光"师德师风建设活动，利用多平台、多手段讲述师德师风故事，既有利于增强教师的职业荣誉感和责任感，还有利于在社会范围内形成尊师重教的良好风尚。特别是以教师节等节日为契机，持续开展"十佳重教模范""师德师风模范教师""最可爱教师"等评选表彰活动，可以有效激发教师队伍的积极性，促进师德师风建设。另外，开设"身边的师德模范"宣传专栏和组织师德师风报告会等形式多样的活动，有助于展示教师风采、传播正能量、建设和谐社会。

（二）开展反腐倡廉警示教育活动

组织科级以上党员干部、学生政治辅导员、新入职教师等群体参观反腐倡廉警示教育基地，能有效增强他们的反腐倡廉意识。此类实践活动，能够增强教育者的责任感和使命感，同时使他们通过直观的学习体

验深刻认识到廉政文化的重要性。例如，通过案例警示教育，可以进一步让干部深刻领悟到个人行为对整个教育机构声誉的影响，从而增强他们防患未然的意识。编发风清气正廉政宣传卡、订阅《中国纪检监察报》等方式，能够为教育者提供直接有效的政策宣传和警示教育平台，从而加强廉政文化的普及和教育。

（三）开展形式多样的廉洁宣传教育活动

开展形式多样的廉洁宣传教育活动，既能够增强师生的廉洁意识，还能够营造一个健康的教育环境，促进教育公平和教育质量的提高。在校园内征集廉洁文化小视频和组织观看《党史中的廉洁故事》宣传片等活动，可以有效地加强对教师的廉洁教育。这种形式直观、生动，易于引起教师的共鸣，从而于无形中树立起崇德尚廉的良好风尚。发挥二级党组织纪检委员的作用，通过宣讲、党课、参观教育基地等多种方式，可增强廉洁教育的实效性，需要注意的是，高校应针对不同教师群体的特点和需要，拟定更具针对性的教育内容，从而使廉洁教育更加深入人心。

第五章　启智润心：塑造高校学生廉洁从学文化

第一节　高校学生廉洁从学文化理论概述

一、高校学生廉洁从学文化的内涵解读与特征分析

高校学生廉洁从学文化与高校管理干部廉洁从政文化、高校教师廉洁从教文化共同构成高校廉洁文化的整体框架。高校学生廉洁从学文化的核心在于培育学生的诚信精神和道德自律意识，使学生能够在学习、生活中做到诚实守信，远离不正当行为。高校学生廉洁从学文化有助于形成积极向上的校园文化氛围，促进高校素质教育的深入开展。

（一）高校学生廉洁从学文化的内涵解读

高校学生廉洁从学文化作为一种新兴的概念，源于高校廉洁文化和学生廉洁从学教育。在高校中，学生廉洁从学文化的构建，成为提升学生素质的关键部分。

1. 廉洁从学的概述

廉洁作为社会的永恒价值追求，表现为不贪得、不妄取、不接受不应得之财，以及不受世俗污染。这一概念的形成可追溯到战国时期，如屈原在《楚辞·招魂》中提到"朕幼清以廉洁兮，身服义而求沫"。宋代王得臣在《〈麈史〉序》中提到"予年甫成童，亲命从学於京师"。此处的"从学"即早期对学习行为的描述。"学"字最早出现在甲骨文中，本义为对孩子进行启蒙教育使之觉悟，如《说文解字》所谓的"觉悟也"。

廉洁不仅是社会道德和法律的重要准则，还是高校学生从学的核心。廉洁从学，要求学生以廉洁为标准指导和规范自己的行为，将不廉行为排除在个人成长的轨迹之外。在日常学习中，廉洁从学要求学生自觉遵守学术诚信、公正竞争的原则，反对任何形式的学术不端和不正当竞争行为。廉洁从学旨在培养学生的自律意识和社会责任感，促使学生形成正确的价值观，提升个人的道德素养。高校学生廉洁文化建设，有助于提升高校学生的整体素质，从而有助于培育出具有良好道德修养和社会责任感的优秀人才。

2. 廉洁从学文化的内涵

廉洁从学文化作为一种文化现象，其内涵不仅体现了民族对廉洁的历史认识和现实感受，还积淀了深层的精神追求和行为准则。文化具有普遍性和约束性，是社会共同遵守的行为规范和实践要求的总和。廉洁从学文化便是文化的具体表现，涵盖关于廉洁从学的知识、信仰、规范及相适应的生活方式和社会评价。廉洁从学文化建设是一种文化表现形式的社会意识形态及其相应的制度和活动，是廉政建设、从学实践与文化建设相结合的产物。廉洁从学文化建设强调廉洁从学的重要性，有助于促进学术环境的健康发展，提高教育质量。

3. 高校学生廉洁从学文化的内涵

高校学生廉洁从学文化旨在强化学生道德自律意识，塑造学生拒腐防变的心理品质，逐步形成廉洁自律、爱岗敬业的职业观念。该文化是根据高校廉洁文化的要求，结合学生的思想和行为实际，专门针对学生这一群体提出的概念。通过廉洁从学文化的培育，学生能够树立正确的价值观，形成坚定的道德信念，体现在学生在日常学习生活中的诚信行为，以及在面对各种诱惑和挑战时能够坚守道德底线，具备良好的道德判断力和自律能力。

廉洁从学文化有利于促进高校学生形成并坚守廉洁自律的思想观念，这不仅是一种行为上的规范，更是一种心理上的自觉。高校学生廉洁从学文化建设旨在通过文化的力量培育学生的廉洁自律观念，包括对正确的理想信念、道德观念和法治意识的遵循，这些都是高校学生在成长过程中必须坚守的价值准则。高校学生作为社会的未来，他们的言行举止、思维模式将直接影响未来社会的面貌。因此，高校必须重视学生廉洁从学文化建设，确保学生能够在诚实守信、正直自律的环境中成长。

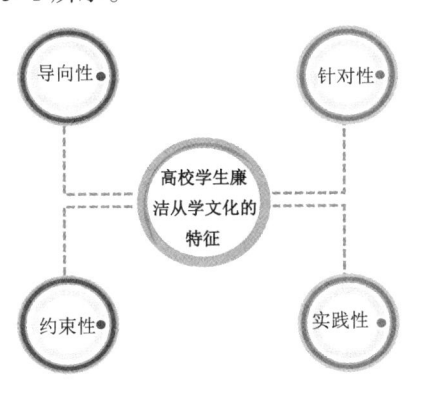

（二）高校学生廉洁从学文化的特征分析

高校学生廉洁从学文化既是一种校园行为规范，也是一种深植于学生心中的价值观。该文化除了具备高校廉洁文化的一般特性，还具有以下四个特征，如图 5-1 所示。

图 5-1 高校学生廉洁从学文化的特征

1. 导向性

高校学生廉洁从学文化作为高校廉洁文化的重要组成部分，涵盖价值取向和道德准则等，具有鲜明的导向性特征，旨在引导高校学生提升道德修养及反腐倡廉能力，帮助他们树立正确的世界观、人生观和价值观。廉洁从学文化不仅是一种文化传承，还是一种精神的培养。对高校学生进行廉洁从学文化教育，能够有效引导他们自觉认同社会主义先进文化的核心价值，从而在思想上和行为上构建起坚固的精神屏障。这种屏障有助于学生站在人格高地，树立清正廉洁的价值观，成长为有理想、有道德、有文化的新一代。

2. 针对性

高校学生作为廉洁从学文化的主体，在整个文化中占据核心地位。要增强廉洁从学文化的针对性，必须深入理解并充分考虑学生群体的特性和需求。高校应根据学生不同的学习阶段，实施差异化、个性化的教育策略。高校学生廉洁从学文化要注重以点带面，即通过对特定群体或关键环节的精准施教，带动整体文化的推进。例如，对学生党员和学生干部进行有针对性的廉洁教育，可以在学生群体中形成良好的示范效应，进而推动校园整体文化氛围的形成。同时，高校在推进廉洁从学文化时，不能一概而论，而应注重细节和实际情况，避免采取"一刀切"的方法，要充分考虑不同学生群体的特点和需求，实施更为精准和具体的教育和引导措施。这样不仅有助于增强教育的有效性，而且有利于促进学生的个性化发展，提升学生的道德素养。

3. 约束性

高校学生廉洁从学文化既是一种外在的规范，也是一种内在的自律力量，对腐败思想和行为具有显著的抵制作用，为高校学生提供了一种精神上的引导和约束。高校学生廉洁从学文化营造的正直、清廉的校园氛围，使处于其中的学生感受到正直和廉洁的重要性，从而在环境的不断熏陶下，在提升文化素养的过程中，形成自觉抵制不良思想和行

第五章 启智润心：塑造高校学生廉洁从学文化

为的意识。文化教育能够使学生在思想上建立起一道拒绝腐败、防止变质的坚固防线。这种防线不仅体现在行动的自我约束上，还体现在思想的自我净化和自我提升上。

4. 实践性

高校学生廉洁从学文化建设需要遵循知行合一的原则，重视实践操作的重要性。高校学生廉洁从学文化的实践，应注重将理论知识转化为实际行动，确保每一项措施都切实可行、易于执行且有效果。实践性要求高校除了在理论教育上下功夫，还要在实际行动上采取有效措施，使廉洁从学文化得以在学生心中扎根。高校学生廉洁从学文化的实践性还意味着，该文化的建设不能脱离实际，不能成为形式主义的产物。若缺乏实践的支撑，廉洁从学文化便可能会失去根基，更难以持续发展。因此，高校应重视学生廉洁从学文化的实践性，通过各种有效的实践活动，使之成为学生思想道德建设的重要组成部分，从而促进学生道德素质的提升。

二、高校学生廉洁从学文化与高校廉洁文化的关系

高校学生廉洁从学文化与高校廉洁文化之间可视为包含与被包含的关系。高校学生廉洁从学文化作为高校廉洁文化的一个重要部分，承担着培育学生廉洁品质的重任。高校学生廉洁从学文化的构建和发展，对高校廉洁文化的形成和完善具有不可或缺的作用。高校廉洁文化为高校学生廉洁从学文化的构建提供了方向性的指导。只有当高校廉洁文化得到有效落实和深化，高校学生廉洁从学文化建设才能得以推进。反之，高校学生廉洁从学文化的强化，也对高校廉洁文化的整体发展产生积极的推动作用。因此，高校学生廉洁从学文化与高校廉洁文化是相辅相成、互为支撑的。

（一）高校学生廉洁从学文化是高校廉洁文化的重要组成部分

高校学生廉洁从学文化是高校廉洁文化的重要组成部分。高校学生廉洁从学文化是高校廉洁文化的具体体现。廉洁从学文化要求高校学生在校期间正直自律、诚实守信，树立马克思主义的世界观、人生观、价值观等。这一要求与高校廉洁文化的建设目标基本一致。高校廉洁文化建设覆盖全体高校成员，包括高校管理干部、教师等，目的在于营造一种不贪、廉洁自律的校园风气，建立清廉、和谐的校园内部环境。而高校学生廉洁从学文化建设更聚焦学生群体，强调通过文化的熏陶、引导和渗透，促使敬廉崇洁的价值观内化为学生的人格修养。这种文化建设的重点在于影响和塑造学生群体的思想观念，使他们成为高校廉洁文化建设的有力支持者和积极参与者。高校学生作为社会的重要构成部分，其道德素养直接影响着社会的道德风貌和廉洁程度。因此，高校学生廉洁从学文化建设不仅是高校内部文化建设的重要组成部分，更是社会廉洁文化建设的重要内容。高校学生廉洁从学文化建设，可以有效增强学生的廉洁意识，引导他们形成正确的道德观、价值观。

高校学生廉洁从学文化所包含的价值取向、伦理道德、行为规范构成了高校廉洁文化的核心内容。因此，高校学生廉洁从学文化不仅是高校廉洁文化的一种表现形式，更是其不可或缺的组成部分。通过将廉洁从学文化融入学生日常学习和生活中，学生能够形成良好的自我约束习惯，从而促进整个高校廉洁氛围的形成。在这一过程中，高校应为学生提供足够的指导和支持，帮助学生树立正确的价值观和道德观。通过开展廉洁教育、举办相关活动、创造有利于培养廉洁从学文化的环境，学生将更加自觉地在学习和生活中践行廉洁从学的原则。

第五章 启智润心：塑造高校学生廉洁从学文化

（二）高校廉洁文化建设是高校学生廉洁从学文化建设的基础

高校廉洁文化建设能促进高校学生廉洁从学文化建设，共同推动高校的健康发展。高校廉洁文化的发展目标在于通过廉洁教育的全覆盖，实现管理干部廉洁从政、教师廉洁从教、学生廉洁从学，从而在校园内深植廉洁思想，营造崇尚廉洁、拒绝贪腐的良好氛围。此氛围有利于学生直接感受廉洁文化的正能量，自觉加强品行修养，将廉洁自律内化为自觉行动，树立起以廉为荣、以贪为耻的价值观。高校廉洁文化建设，为学生打下了进行廉洁从学教育的坚实基础。因此，高校廉洁文化建设不仅是一种形式上的规范，更是一种文化引领和精神塑造。它对提升学生的道德水平、培养其良好的职业道德观具有不可或缺的作用。

在高校中，廉洁自律的思想观念对塑造学生的价值观和人生观至关重要。高校教师和管理干部既是学生学习知识的导师，也是学生人生观和价值观形成的重要影响者。他们廉洁从教、廉洁自律的行为表现，可以潜移默化地影响学生，促使学生形成明礼诚信、正直自律的人生态度和崇尚廉洁的价值观。因此，高校廉洁文化建设不仅是一个关乎内部管理的问题，更是一个关乎学生价值观养成和个人品质塑造的重要课题。加强高校学生廉洁从学文化建设，必须将高校廉洁文化建设作为基石。营造一个廉洁、公正的学术环境，可以有效引导学生树立正确的人生观和价值观。这种学术环境的形成，需要高校教师和管理干部的共同努力，他们的言行举止，能够为学生打造正确的道德和行为标准。

（三）高校廉洁文化建设的深入发展需依托高校学生廉洁从学文化建设

高校廉洁文化建设的深入发展，离不开高校学生廉洁从学文化建设的支撑。高校学生廉洁从学文化建设的加强，不仅对学生个体品德产生有益影响，而且对高校廉洁文化建设产生积极的辐射效应。廉洁从学文化建设旨在通过理论内涵和道德规范的教育，增强学生廉洁的思想道德意识，进而使其养成廉洁自律的行为习惯。由此，高校应致力构建和完善学生的廉洁从学文化，这不仅是一个探索和创新的过程，还是高校廉洁文化建设的关键。高校在建设学生廉洁从学文化时，需要不断寻找适合的廉洁教育内容、载体、方法和渠道，通过不断的实践摸索，总结能产生良好效果的经验，从而丰富高校廉洁文化建设成果。

一花独放不是春，百花齐放春满园。高校推广廉洁文化并不足以形成浓厚的文化氛围，需要全体学生群体共同参与，共同营造。高校学生廉洁从学文化的感染力、凝聚力、震撼力和穿透力，不仅能净化校园风气，也能在学生中广泛传播廉洁自律的观念和行动，还能触动并影响包括教师、行政人员等在内的教职工，引导他们自觉实践廉洁从政、廉洁从教、廉洁服务、廉洁从业等行为准则。高校学生廉洁从学文化的推广与实践，可以有效地推进高校廉洁文化建设的深入发展。这不仅是对学生个体道德修养的提升，更是对高校文化氛围的改善。因此，高校应重视并积极推进学生廉洁从学文化建设，以此为基础，全面提升校园的廉洁文化水平，营造更加健康、和谐的学术环境。

三、高校学生廉洁从学文化建设的现实基础

高校学生廉洁从学文化建设是高等教育深化发展的必然趋势。从文化层面对高校学生廉洁从学文化建设进行深入反思，对推进高校廉洁文化建设具有重要意义。高校应加深对学生廉洁从学文化建设重要性的认识，总结学生廉洁从学文化建设取得的成效，同时识别和分析其中存在的不足，明确发展方向和目标。

第五章 启智润心：塑造高校学生廉洁从学文化

（一）高校对廉洁从学教育重要性的认识有所提升

高校学生廉洁从学文化建设，已成为当前教育工作的重要组成部分。高校学生的思想政治素质、廉政意识与观念，直接影响他们的健康成长及成才，同时是社会主义和谐校园建设的关键因素。鉴于此，各高校已将廉洁文化建设和加强学生廉洁教育纳入校园发展战略中，加深了对廉洁从学教育重要性的认识。在具体实施方面，各高校采取了多样化的教育活动，如廉洁讲座、廉洁知识竞赛等，以增强学生的廉洁从学意识。通过这些活动，学生不仅在知识层面得到丰富，更在道德和品行上得到显著升华。

例如，重庆大学以"用好用活重庆和学校丰富的红色资源"为抓手，探索出了红色文化育人同廉洁教育深度融合的新方法、新路径。例如，该校多部门联合制作的廉洁教育视频《礼·勿》，便是对红色文化与廉洁教育深度融合的实践。该校还通过开展多样化的红色文化教育活动，如以黄尚廉院士为原型的短视频和话剧，以及新生入学教育中的《信仰的力量——档案里的红色故事》展演，有效地将廉洁教育与立德树人工作深度结合。通过这些活动，重庆大学在推动廉洁从学教育中取得显著成效，激发学生的道德感和责任感，引导他们自觉恪守学术诚信和社会公德。

又如，天水师范学院举办的"廉洁文化宣传教育月"活动。该活动中的"以字书廉，以画绘廉"师生书画剪纸艺术作品展，不仅丰富了校园文化生活，而且通过艺术的形式，增强了学生的廉洁从学意识。通过此类活动的开展，天水师范学院有效地营造了以文化人、以文润德、以文养廉的浓郁氛围，为清风正气的弘扬、崇德尚廉风气的形成奠定了坚实基础。

（二）高校学生廉洁从学教育的体制机制逐步健全

高校学生廉洁从学文化建设，是提升教育质量和培养高素质人才的重要环节。目前，高校学生廉洁从学教育体制机制正逐步健全，对学生树立正确的价值观、增强廉洁从学意识具有重要意义。以湖南文理学院为例，该学院党委在推进清廉校园建设方面取得了显著成效，形成了有效的工作机制——"一五二四"清廉校园建设机制，即紧扣"一个目标"、实施"五项工程"、夯实"两个保障"、做好"四篇文章"。"一个目标"指的是将清廉校园建设纳入学院"十四五"发展规划中，确立以"清廉文理"为战略目标。"五项工程"则是基于《湖南文理学院清廉校园建设实施方案》推行的"政治清明、作风清朗、教风清正、学风清新、家风清纯"五大工程。"两个保障"指从组织保障与经费保障两个方面。做好"四篇文章"包括做好"宣传教育"文章，努力营造清廉校园建设浓厚氛围；做好"协同联动"文章，系统推进清廉校园建设各项措施；做好"压实责任"文章，确保清廉校园建设取得实效；做好"突出特色"文章，形成清廉校园"文理"品牌。

浙江大学实施的"五个纳入"制度，为高校学生廉洁从学教育体制机制的健全提供了鲜活范例。该校通过开展分层分类的学生廉洁教育，构建全覆盖的学生廉洁教育大格局，有效增强了学生廉洁从学教育的针对性和有效性。

第一，将廉洁教育纳入课堂教育，抓好廉洁教育主阵地建设。这项措施有利于充分发挥思想政治理论课的主导作用，推动廉洁教育"进教材、进课堂、进头脑"。该校组建了一支由思想政治理论课教师、纪检干部和骨干辅导员组成的专门教师队伍，采取教师试讲和集体备课制度，以确保教育内容的质量和效果。[①] 此外，该校将"反腐败斗争的形势与对

[①] 张显栋. 新形势下高校学生廉洁教育模式探析 [J]. 法制博览，2016（8）：67.

第五章　启智润心：塑造高校学生廉洁从学文化

策"定为形势与政策必修课的固定教学专题，同时针对毛泽东思想和中国特色社会主义理论体系概论、中国近现代史纲要、马克思主义基本原理概论、思想道德修养与法律基础四门课程，根据各自课程内容设计不同角度的廉洁教育内容，实现教育内容的多元化和深度融合。

第二，将廉洁教育纳入学生党员发展教育全过程，发挥学生党员的教育辐射作用。在学生入党积极分子、预备党员、党建骨干、新生党员培训班中开展专题党课教育，发挥党课在端正学生入党动机、增强党性修养和反腐倡廉中的重要作用。[①]廉洁知识测试和廉政谈话制度的引入，为学生党员发展和转正的考察增加了新的维度。将廉洁自律纳入"五好"党支部创建标准，进一步强化了廉洁教育的组织保障。党建带团建的策略，充分发挥了学生党支部在廉洁教育中的战斗堡垒作用和辐射推动作用。

第三，将廉洁教育纳入思想政治教育的重点环节，坚持全过程的学生廉洁教育。在新生入学教育环节，着重加强诚信教育、学术道德教育及社会主义核心价值观教育；毕业教育环节则着重加强拒腐防变教育，引导毕业生形成廉洁自律、爱岗敬业的职业观念。这对学生步入社会后的行为规范有着深远影响。优良学风和学术道德的常态化建设活动，能有效提升学生的道德水平和学术诚信。第二课堂在廉洁教育中扮演着重要的角色，开展丰富多样的活动，有利于增强学生的实践能力和社会责任感。此外，廉洁教育与大学生服务社会、勤工助学、创新创业实践的结合，形成了有效载体，有助于增强廉洁教育的实效性，丰富廉洁文化的传播途径。

第四，将廉洁教育纳入学生组织建设，增强学生骨干的拒腐防变能力。实施学生会、研究生会和博士生会财务报告制度，是对学生组织财务透明度的重要提升。探索学生骨干廉洁承诺制度，有助于学生树立廉

[①] 张坤晶.构建学生党员发展质量保障体系[J].深圳信息职业技术学院学报，2019，17（2）：2.

洁自律的观念。依托并支持"学生廉政文化研究会"等学生社团，积极开展分类别、多层次的学生廉洁教育调查和理论研究。

第五，将廉洁教育纳入校园文化建设总体格局，营造风清气正的校园氛围。该校成立廉洁教育和廉政文化建设工作领导小组，负责全校廉洁教育工作的组织领导、统筹协调、计划制定、检查督促及总结经验等工作。大力推动廉洁教育"一院一品"建设，全面构建"求是廉文化"体系，实现廉政文化建设与校园文化建设的有机结合。加强学生廉洁教育的阵地建设，致力打造"廉洁教育季"等廉政文化品牌，拓展大学生廉洁教育的有效途径。组织学生参观校外反腐倡廉教育基地，接受直观的正面典型教育与反面警示教育，增强学校与社会的廉洁教育合力。

（三）高校学生廉洁从学教育的形式日益丰富

形式多样化成为高校学生廉洁从学教育的显著特点。众多高校针对大学生的特性，创新教育方式，旨在提升廉洁从学教育的有效性。这些高校在设计和实施廉洁从学教育活动时，不仅注重内容的针对性和实效性，还注重形式的多样性，力求使教育内容贴近学生实际，增强廉洁从学教育的吸引力。

有的高校充分利用宣传橱窗，建设廉政、廉洁长廊，这些可视化的展示方式直观地向学生传达了廉洁的重要性。还有高校积极举办反腐倡廉的图片展、书画展、作品展等活动，不仅丰富了校园文化生活，而且有效地将廉洁从学教育与学生的思想政治工作相结合，加深了学生对廉洁重要性的认识。以湖南外贸职业学院为例，该校举办的廉洁文化作品展不仅是一场视觉与文化的盛宴，更是廉洁从学教育的有效载体。通过展览，廉洁文化的理念得以直观展现，从而在学生群体中营造了崇廉尚廉的氛围。

又如，哈尔滨华德学院开展了"四季清风"廉政作品征集大赛，并

第五章 启智润心：塑造高校学生廉洁从学文化

开辟了"清廉学校建设"专栏。该校还利用电子屏、宣传栏、微信公众号等传播手段，持续加大对廉政文化的宣传力度。这些做法丰富了廉洁从学教育的内容和形式，使得廉洁文化在校园内得到广泛传播。

再如，湖南铁路科技职业技术学院在株洲烈士纪念园建立了首个校外廉洁文化教育基地。此类基地成为党员干部、师生提升道德修养，增强廉洁自律意识的重要平台，同时也是弘扬廉洁文化的关键阵地。

第二节 廉洁从学文化：高校廉洁文化建设的目标

一、高校学生廉洁从学文化：推动党和国家事业持续发展的必要条件

廉洁从学文化教育不仅是对学生个人品德和道德素质的培育，更是对学生作为国家未来栋梁的重要投资。通过在高等教育阶段加强廉洁从学教育，学生能够形成正确的价值观、职业道德观，这对保障学校和社会的健康发展具有深远影响。

（一）高校学生廉洁从学文化建设是适应多元社会环境的现实需要

市场经济的快速发展带来了社会环境的深刻变革，社会财富的增加伴随着价值观念的多元化和复杂化。在这样的背景下，高校学生面临着丰富且复杂的思想挑战，包括如何面对拜金主义、享乐主义等观念。社会中存在的一些不正当的竞争手段和违法行为在高校中同样存在，表现为个别学生抄袭论文、迟到、旷课、考试作弊等行为。这些行为既侵蚀了学生的思想，也破坏了高校的学术氛围。因此，廉洁从学文化建设对高校来说是一个现实且迫切的任务。廉洁从学教育，可以帮助学生树立正确的价值观、道德观，帮助他们识别和抵制不良风气和违法行为的诱惑。

高校学生是国家发展的重要力量。若他们在进入社会之前受到不良行为的引导，将对国家的发展造成不利影响。因此，高校学生廉洁从学文化建设是高校教育的重要组成部分，也是适应多元社会环境的现实需

第五章 启智润心：塑造高校学生廉洁从学文化

要。高校学生廉洁从学文化建设的主要目的是帮助学生树立坚定的立场，抵御不良思想的侵蚀。这需要高校通过多种形式的文化活动，加深学生对反腐倡廉政策的理解，树立正确的世界观、人生观和价值观。社会主义市场经济体制的确立和完善，意味着人才与知识的激烈竞争。在这样的环境下，高校学生只有通过正当途径，提高自身的综合素质和能力，才能在激烈的社会竞争中获得成功。高校进行廉洁从学文化建设，不仅是对学生品格的塑造，更是对其未来发展的重要指导；不仅是为了学生的成长，更是为了社会的健康发展和国家的长远利益。

（二）高校学生廉洁从学文化建设为党和国家事业发展提供了人才保障

作为培养高素质人才的摇篮，高校承担着培育国家未来栋梁的重任。在国家发展的各个领域中，人才资源被视为维持国家综合国力和核心竞争力的关键。高校学生作为具有较高知识水平和创新能力的群体，是社会主义现代化建设中不可或缺的高素质人才后备军。高校学生的廉洁从学文化建设，直接关系国家未来发展的质量和方向。廉洁从学不仅包括学术诚信、个人品德的培育，还包括对社会责任感和使命感的强化。

在知识经济时代背景下，高校学生的思想观念、价值取向以及行为模式，在很大程度上影响着国家和民族未来的发展面貌。因此，加强高校学生廉洁从学文化建设尤为重要。通过有针对性的教育和引导，培养学生成为具有正直、诚实、上进等特质的人才，对社会的健康发展具有深远意义。廉洁从学不仅是道德教育的一部分，更是学生品格形成和社会责任感培养的重要组成。在高校学生廉洁从学文化建设的过程中，高校需要发挥其教育引领作用，通过课程设置、实践活动和校园文化建设，全方位地加强廉洁从学文化的渗透。

高校学生在社会公职人员队伍中占据重要位置，更是我党干部队伍的主要后备力量。因此，这个群体的思想政治素质、廉洁意识与观念，直接关系党和国家的发展。在高校学生形成世界观、人生观、价值观的关键阶段，加强廉洁从学文化建设，为他们注入"反腐疫苗"，培养他们良好的思想道德情操尤为重要。培养高校学生的廉洁自律意识和反腐倡廉自觉性，可以有效遏制腐败现象在青年群体中的蔓延，有效增强学生抵制拜金主义、极端个人主义等不良思想侵蚀的能力。

（三）高校学生廉洁从学文化建设：中国特色社会主义廉政建设的核心要义

廉政建设涵盖廉政文化建设、廉政监督机制建设等多个方面，其中廉政文化建设是基础，对从根本上铲除腐败的滋生土壤具有决定性意义。高校学生是即将步入社会的"准社会人"，在知识层次和思想活跃度上具有明显优势。他们思想开放，愿意接受新事物，具备较强的判断力和批判性思维能力。因此，对他们进行廉洁从学教育，不仅能够帮助他们树立正确的是非观、荣辱观，还能够培育他们诚实守信、遵纪守法的廉洁品质。这对促进中国特色社会主义廉政建设，具有不可替代的作用。

高校在培养高级专门人才的同时，还担负着社会导向的重要职责。通过加强廉洁从学文化建设，高校不仅能为学生提供丰富的知识，还能在思想道德层面对学生进行深入的教育和引导。这种教育和引导不仅包括对学生进行价值观和道德观的塑造，还包括培育学生道德自律和廉洁自律的品质。这不仅会对学生个人发展产生深远影响，还会对社会和家庭产生重要影响。廉洁从学文化建设，使学生能够在日常学习和生活中，不断提升自己的道德修养，增强社会责任感。这有助于形成一个诚实守信、公正无私的校园环境，同时为社会培养具有良好道德素质的人才。在反腐倡廉的大背景下，高校的廉洁、公正形象成为社会的榜样，能有效引领廉政风尚。这种文化的辐射能够对抵制腐败文化的滋生与蔓延发挥重要作用。

二、高校学生廉洁从学文化建设：构建社会主义和谐社会的现实需求

加强高校学生廉洁从学文化建设，是培育具有坚定理想信念、正确价值观的人才的有效途径。举办以廉洁从学为主题的文化活动，不仅有助于学生提升廉洁自律素质，增强抵御腐败的免疫力，还能促进学生德、智、体、美等方面的全面发展。这样的教育实践，为社会主义和谐社会的构建提供宝贵的人才资源，是实现社会长远发展和稳定的关键。

（一）高校学生廉洁从学文化建设是践行社会主义和谐社会理念的必然要求

社会主义和谐社会的构建是一项系统工程，涉及政治、经济、社会、文化等多个方面，还依赖每个社会成员的积极参与和自我提升。在这个过程中，高校学生的道德自律和社会责任感的培育尤为关键。廉洁从学文化建设有助于学生树立正确的价值观和行为准则。此外，高校学生作为中国特色社会主义事业的建设者和接班人，对推动和谐社会的建设承担着重要责任。加强廉洁从学文化建设，能够涵养学生的个人品德，加深学生对社会责任和公共利益的认识。这种教育有助于构建和谐的校园环境，为社会培养具有良好道德素质和社会责任感的人才，从而为构建社会主义和谐社会奠定坚实的人文基础。

廉洁从学不仅是对学生个人品德的培育，还是对其社会责任感和公民意识的塑造。在建设社会主义和谐社会的过程中，培育和弘扬廉洁从学文化，对形成积极向上的社会风气、促进社会的和谐稳定，具有不可

替代的重要作用。高校学生价值观、道德观和职业观的形成与发展，直接关系社会主义和谐社会建设的质量和深度。加强廉洁从学文化建设，可以引导学生形成以诚实守信、勤奋节俭、崇尚廉洁为基本的核心价值观，这不仅是对学生个人品德的提升，更是对他们社会责任感的培育，还有助于他们树立报效祖国、服务人民的信念，不断增强道德自律意识，塑造拒腐防变的良好心理品质。此外，廉洁从学文化建设还关系学生职业观的形成。形成廉洁自律、爱岗敬业的职业观，对推动全社会形成良好风尚，构建团结互助、平等友爱、共同前进的新型人际关系，具有积极的促进作用。[①] 这是高校贯彻落实党的教育方针的内在要求，也是高校主动适应社会主义和谐社会建设的必然选择。因此，加强高校学生廉洁从学文化建设，不仅有助于学生形成良好的社会公德、职业道德和家庭美德，还有助于促进社会稳定和谐。高校在此过程中应发挥主导作用，通过开展思想政治教育、法治教育等手段，全面提高学生的廉洁从学文化素养，为建设社会主义和谐社会贡献力量。

（二）高校学生廉洁从学文化建设为建设社会主义和谐社会奠定坚实的人才基础

加强高校学生廉洁从学文化建设，是以人为本理念在教育实践中的完美呈现。高校应以学生为中心，深入探究学生的心理、生理及思想发展特点，以促进学生的全面发展为目标，通过开展丰富多样的廉洁从学文化活动，引导学生树立正确的道德观。

廉洁从学文化建设的重点在于引导学生正确处理个人与他人、个人与集体、个人与社会的关系，从而使祖国观念、人民观念、社会主义观念和集体观念成为学生的自觉选择。这不仅有利于学生塑造良好的思想

---

① 聂娜. 新形势下大学生廉洁修身文化建设探析 [J]. 河南教育（高教），2019（5）：69–71.

道德品质，还有利于学生成长为具有社会主义核心价值观的优秀人才。此外，加强高校学生廉洁从学文化建设对学生融入社会具有重要作用。通过这一建设，学生能在踏入社会前形成强大的抵抗腐败的免疫力和抵抗力，自觉将廉洁从学作为立业之基。这样的教育能够帮助学生成为积极的社会主流力量，为构建社会主义和谐社会贡献力量。高校在廉洁从学文化建设中的努力，可以有效地促进学生的全面发展，为社会培养出既有道德修养又具备专业能力的人才，为社会主义和谐社会建设奠定坚实的人才基础。因此，加强高校学生廉洁从学文化建设是一项长远且重要的任务，需要高校、社会及相关部门的共同关注和持续推进。

（三）加强高校学生廉洁从学文化建设为社会主义和谐社会的发展打下坚实的社会基础

加强高校学生廉洁从学文化建设，意味着教育、制度、监督三个方面并重，既惩治腐败行为，也预防腐败现象的发生。这种全面的教育，有利于学生成为反腐倡廉工作的建设性力量，为社会主义和谐社会的发展奠定坚实的社会基础。此外，高校弘扬廉洁文化、培育廉洁理念，不仅能整肃校园风气，培育合格人才，还能建设风清气正的党风政风，为造就清正廉洁的党政干部后备队伍提供保障。[①]

廉洁从学文化旨在引导学生树立正确的价值观，培养道德修养和自律意识。用社会主义核心价值武装头脑，学生能够深刻理解克己奉公、为人民服务的重要性。这有助于学生在成长中理解肩负的社会责任，不辱使命，还有助于学生在未来的工作和生活中自觉践行清廉、务实的行为准则。高校作为先进文化的传播阵地，在廉洁从学文化建设中扮演着至关重要的角色。高校的引导和教育，能够促使学生在学习和生活中形

[①] 张玉华，邹炼. 大学生廉洁教育的必要性与实效性研究 [J]. 决策与信息旬刊，2013（9）：148.

成良好的社会风尚。这种风尚的形成和传播，对增强社会整体的廉洁意识、营造清正廉洁的社会氛围至关重要。学生将所形成的道德规范和廉洁意识带入社会，可以有效地推动社会的民主、公正、公平，为构建社会主义和谐社会的发展打下坚实的社会基础。

（四）高校学生廉洁从学文化建设推动社会公平正义与民主进程

高校将廉洁从学文化的内容与社会主义和谐社会进行紧密结合，确保两者相适应、相协调。这种做法能有效地维护社会公平与正义，体现以公正、廉洁为目标的教育方针。廉洁从学文化建设不应局限于理论层面的宣讲，而应渗透教育教学的全过程。这种全面的渗透，旨在引导学生将个人前途与国家命运紧密联系，激发学生的责任感和使命感。通过树立正确的世界观、人生观、价值观和荣辱观，学生能够形成高尚的道德情操，非凡的辨别是非的能力，并能自觉抵制负面思想的影响。高校学生廉洁从学文化建设还强调筑牢思想道德防线。这不仅是对学生个人品质的强调，更是对党风廉政建设和反腐倡廉工作的有力支持。通过筑牢思想道德防线，学生能够在日常生活和未来的职业生涯中，坚守廉洁自律的原则，为推动社会公平正义与民主进程作出贡献。在加强学生廉洁从学文化建设的同时，高校还应着力于加深学生对社会主义和谐社会理念的认识，从而帮助学生更好地理解和践行社会主义核心价值观，为构建社会主义和谐社会奠定坚实的基础。

随着社会主义民主化进程的加快，人民群众的民主意识显著增强。高校将学生廉洁从学文化建设与民主科学管理模式相结合，可有效加强对学生民主意识的培育。在处理涉及学生切身利益的事务时，高校应提升管理工作的透明度，实施"阳光工程"，有效地督促学生在民主管理中接受廉洁教育和道德教育。这种做法体现了民主科学管理的要求，同时符合社会主义和谐社会的民主需求。高校学生廉洁从学文化建设不仅有助于培育学生的批判性思维和独立判断能力，还有助于促使他们更好地理解和参与社会民主进程，推动社会的持续进步和发展。

三、高校学生廉洁从学文化建设：确保学生全面健康成长与成才的关键

廉洁从学不仅是道德教育的一部分，更是塑造学生人格的基石。廉洁从学文化建设，可以有效引导学生形成诚实守信、正直节俭、崇尚廉洁的价值观，这对他们树立正确的世界观、人生观，以及培养健康向上的人生态度具有至关重要的作用。因此，高校应着重推动廉洁从学文化建设，以提升学生的廉洁品质。

（一）高校学生廉洁从学文化建设，助力学生抵制不良思想

橘生淮南则为橘，橘生淮北则为枳，反映了环境对事物发展的重大影响。高校作为学生学习和成长的重要环境，其文化氛围对学生的思想和行为具有重要影响。面对传统的制度、监督和惩处等手段对高校中存在的不良现象难以奏效时，加强高校学生廉洁从学文化建设尤为重要。大学阶段，学生正处于人生观、世界观和价值观形成的关键阶段，廉洁从学文化建设不仅有助于学生抵制不良思想的侵蚀，还有助于促进学生积极向上的心理机制、处世态度和行为习惯的形成。在此过程中，高校通过结合制度规范和道德教育，努力营造"廉洁光荣"的校园氛围，这对规范学生的言行具有重要意义。这样的教育环境有助于引导学生树立为民为公的理想信念，还有助于促使学生责任心、法治观念和公民意识的形成。廉洁从学文化建设，对提高学生识别和抵御腐败的能力至关重要。通过这种文化建设，学生能够在踏入社会之前，形成对腐败的免疫

力，使清正廉洁成为立身立业的基石。这既能促进学生个人品德的完善，也能为社会主义核心价值观的传承打下坚实基础。接受廉洁从学文化教育是学生成长为社会主流力量的必经之路，它有助于确保学生成为国家和社会所需的人才。

（二）构建高校廉洁从学文化，提升大学生思想道德素养

在社会主义市场经济条件下，大学生面临着诸多诱惑和挑战，因而高校在传授知识与技能的同时，应更加注重学生道德品质的培育。这不仅是学生全面发展的需求，也是对国家未来发展的贡献。高校需要采取有效措施，加强对学生思想道德的教育，引导学生树立正确的价值观、人生观。高校学生廉洁从学文化建设，可以有效助力学生抵御不良思想的侵蚀，促进学生形成健康的心态和正直的人格，提升学生的思想道德素养。

高校学生廉洁从学文化建设，不仅是对大学生头脑的武装，更是对其思想困惑的解答，从而帮助他们树立正确的世界观、人生观和价值观。在这一过程中，高校应引导学生坚定理想信念，树立正确的道德观、是非观、荣辱观。这不仅能提升学生良好的思想品质和道德情操，还能塑造学生诚实守信、遵纪守法的廉洁品质。此外，增强学生拒腐防变和抵御风险的能力，也是廉洁从学文化建设的重要方面。通过廉洁从学文化的培育，学生能够在面对各种社会考验时，保持清醒头脑。通过这种方式，学生能够形成积极健康的道德观，确立正确的价值取向。高校学生廉洁从学文化建设还涉及教学方式的创新。通过多元化的教学方式，学生能够更好地体会廉洁从学的重要性。高校学生廉洁从学文化建设不仅对学生个人发展具有深远影响，而且对社会整体进步产生重要作用。高校学生廉洁从学文化建设，是高校肩负的社会责任，也是培养合格社会主义接班人的重要途径。

（三）推进廉洁从学文化建设，助力培育全面发展的高素质人才

在高等教育中，"培养什么人""如何培养人"两个问题尤为重要。在培养中国特色社会主义事业的合格建设者和可靠接班人的过程中，文化的育人功能发挥着关键作用。作为高等教育的重要组成部分，廉洁从学文化的重要性日益凸显。通过加强廉洁从学文化建设，高校能够更有效地引导学生树立正确的价值观，培养学生的社会责任感和职业道德，形成良好的个人品质。

高等教育阶段是大学生价值观形成的关键期，高校加强廉洁从学文化建设，可以有效提升学生的思想道德修养。高校廉洁从学文化建设，是对学生自我调节、自我约束、自警自律能力的培养。[1] 这种能力的形成，对学生未来在社会中的发展发挥着至关重要的作用。因此，高校在廉洁从学文化建设上的努力，是对社会负责任的体现，对培养全面发展的高素质人才发挥着关键作用。

高校作为大学生社会化的重要环节，承担着为学生未来职业生涯打基础的责任。在高校中，廉洁从学文化建设应当贯穿教育教学的各个环节，促使学生在身心、品德、知识和能力等方面得到全面完善。此外，廉洁从学文化建设对预防和减少社会腐败现象至关重要。学生若能在在校期间树立廉洁观，将来则不仅是"知识人""技能人"，更是"道德人"的典范。这种高度的道德自律对避免腐败现象至关重要，能够促使学生成为对党、国家和社会有积极贡献的人。

---

[1] 张银霞. 试论如何抓好高校廉洁文化建设[J]. 法制博览（中旬刊），2012（4）：210.

第三节 高校学生廉洁从学文化的实现路径

一、深化思想品德教育，巩固高校学生廉洁从学文化的思想根基

高校安排学生学习反腐倡廉的理论与实践、社会主义政治文明理论建设、党风廉政建设和反腐败方面的政策法规，以及我国古代廉政思想等，旨在塑造学生的思想道德观。思想品德教育在高校中的重要性不仅体现在知识传授上，还体现在它是引导学生形成正确世界观、人生观和价值观的关键途径上。通过系统的思想品德教育，学生能够深刻理解和内化社会主义核心价值观，形成健全的人格和高尚的道德品质。这不仅对学生的个人成长具有重大意义，还对社会的和谐进步具有重要作用。

（一）秉持社会主义核心价值体系

社会主义核心价值体系对社会主义思想道德建设起着指导作用，同时是激励全民族奋发向上的重要精神力量。社会主义核心价值体系内涵丰富，涵盖马克思主义理论、以爱国主义为核心的民族精神，以及以改革创新为核心的时代精神、社会主义荣辱观四个方面。

1. 依托马克思主义理论开展世界观、人生观和价值观教育

高校作为知识传承和创新的重要阵地，承担着培养学生的重要职责。依托马克思主义理论，高校应开展深入的世界观、人生观和价值观教育。此类教育的核心在于用马克思主义理论和中国特色社会主义理论体系深

化学生的思想认识。通过学习马克思主义中国化的最新理论成果，学生能够学会运用马克思主义的立场、观点、方法分析和解答现实问题，从而科学把握人类社会发展的基本规律。高校还应深入开展党的基本理论、基本路线、基本纲领和基本经验教育。这包括中国革命、建设和改革开放的历史教育等。通过这些教育，大学生可以更好地了解国情，同时意识到自己肩负的责任，坚定跟党走、走中国特色社会主义道路的信心和决心。高校在进行这些教育时，应确保教育内容的时效性和实践性，从而促使学生能够将理论知识与实际问题相结合，更好地服务国家和社会的发展。

2. 依托爱国主义开展民族精神教育

依托爱国主义开展民族精神教育，对高校学生而言，是实现自我价值和培养社会责任感的重要途径。爱国主义作为一种深厚的精神力量，能激发学生的内在动力，引导他们将个人命运与国家的兴衰紧密相连，认识到个人成长与国家发展息息相关。这种教育不应局限于理论学习，更应落实于实际行动，如通过社会实践、志愿服务等方式，在使学生为国家贡献自己的智慧和力量的同时，培养他们的能力。此外，爱国主义教育能够增强学生的责任感和归属感。高校学生在认识到个人与国家命运的紧密联系后，会更加积极地参与国家建设，无论是在学术研究、技术创新，还是在社会服务等方面，都会以更加积极的态度投身其中。这种强烈的责任感和归属感，是爱国主义精神教育的直接体现，同时是高校廉洁从学教育的重要内容。

3. 依托改革创新开展时代精神教育

创新作为民族的灵魂和国家发展的动力，在科技日新月异的今天尤为重要。高校学生作为国家未来的建设者和接班人，加强对其的创新精神教育，不仅是对其个人能力的提升，更是对国家长远发展的投资。创新精神的培养，需要对教育理念、教育内容、教育方法等多个层面进行全面革新。在教育理念上，应当摒弃传统的填鸭式教学，鼓励学生自主探索。在教育内容上，应当与时俱进，不断更新知识体系，引入前沿的科技和理论，激发学生的学习兴趣和探索欲望。在教育方法上，应当注重实践教学，鼓励学生动手实验，通过实际操作体验创新过程，培养解决实际问题的能力。此外，创新精神教育应当引导大学生形成自强不息、艰苦奋斗的品质。通过树立正确的世界观、人生观和价值观，引导学生认识到创新不仅是技术层面的突破，更是对旧观念、旧体制的一种挑战。这需要学生坚定信念，敢于挑战现状，勇于打破束缚，实现自我突破。创新精神教育还强调解放思想、实事求是的重要性。学生应被鼓励去探索未知，勇于质疑和创新，不断追求真理。这样的教育，可以有效激发学生的创造力，使其成为推动社会进步和科技发展的重要力量。

4. 社会主义荣辱观教育的稳步推进

社会主义荣辱观融合了中华民族传统美德和时代精神，深刻体现了社会主义基本道德规范和社会风尚的本质要求，是社会主义核心价值观的鲜明导向。社会主义荣辱观教育的重点在于引导学生牢固树立和弘扬社会主义荣辱观，自觉锤炼一系列优良品德。这些品德包括热爱祖国、服务人民、崇尚科学、辛勤劳动、团结互助、诚实守信、遵纪守法和艰苦奋斗等。[①] 社会主义荣辱观教育还致力于提高学生分辨荣辱、明确是非、区分美丑的能力。通过知荣弃耻、褒荣贬耻、扬荣抑耻的过程，学生能够更加清晰地认识到社会主义核心价值观的重要性。这种教育方式促使学生在实际生活中积极践行爱国守法、明礼诚信、团结友善、勤俭

---

① 汤玉红.以社会主义核心价值观引领公民文化建设[J].青年与社会，2015（2）：269-270.

自强、敬业奉献等基本道德规范，为构建和谐社会贡献力量。针对当前社会中存在的拜金主义、享乐主义和极端个人主义等错误价值观，社会主义荣辱观教育具有重要的校正和引导作用，可以助力学生有效地抵制这些不良倾向，引导学生树立正确的世界观、人生观和价值观。因此，高校开展社会主义荣辱观教育，不仅能促进学生个人道德素质的提升，还能为社会主义事业的健康发展奠定坚实的思想道德基础，有效地引导学生成为具有社会责任感和道德修养的优秀公民。

（二）坚定思想道德教育的主导地位

社会主义道德的核心是为人民服务，它以集体主义为原则，强调爱国、爱民、爱劳、爱科、爱社会主义的基本要求。这些要求不仅是个人品德的体现，也是社会和谐与进步的基石。在高校中实施和弘扬这样的道德观念，对学生的全面发展和社会责任感的培育具有重要意义。通过加强诚实守信、社会公德、职业道德、家庭美德的教育，高校能够有效地引导学生树立正确的价值观，为社会培养具有良好道德素质和职业道德的优秀人才，从而为社会主义现代化建设作出贡献。

1. 诚实守信教育

诚实守信既是社会道德的基石，也是高校学生廉洁从学的基础。诚实意味着真实无欺，既不欺骗他人，也不欺骗自己；守信则意味着重视承诺、信誉和信用。这两者是中华民族传统美德的重要组成部分，被视为个人立身、政治清廉的根本。诚信与廉洁之间存在着密切的关系。高校强调诚信教育，就是培养学生在各个方面保持廉洁的根本。高校应通过具体的教育实践活动，强化学生的诚实守信意识。这包括在课堂教学中强调诚信的重要性，以及通过各种实践活动让学生体会到诚信的重要性。高校还应建立并完善的诚信教育体系，使诚信教育贯穿学生的整个教育过程。通过这些措施，高校不仅能培养出专业技能过硬的毕业生，而且能培养出具有高尚道德品质的社会公民。在当前社会背景下，高校学生的诚实守信教育尤为重要。这不仅关乎学生个人的道德修养和职业发展，还关乎社会的整体道德水平和公信力。因此，高校应将诚实守信教育作为思想道德教育的重要组成部分，不断深化和完善，以培养更多具有良好道德素养的优秀人才。

2. 社会公德教育

社会公德作为公民在社会交往和公共生活中应遵循的基本行为准则，对维护社会秩序和促进社会和谐具有重要意义。它体现在人与人、人与社会、人与自然的相互关系中，是每个公民个人道德修养和整个社会文明程度的重要标志。社会公德的核心内容包括文明礼貌、助人为乐、爱护公物、保护环境、遵纪守法等。高校加强社会公德教育对引导学生树立正确的世界观、人生观和价值观具有不可替代的作用。加强社会公德教育可以帮助学生提升道德修养，养成良好的文明行为习惯。这对提高学生的综合素质，培养他们成为有责任感、有担当的社会公民至关重要。加强社会公德教育也可以帮助学生强化法律意识和政治责任意识。这两种意识的强化，能够促使学生在面对各种社会问题时，从法律和道德的角度作出合理判断和选择。加强社会公德教育还可以促进学生个人品德的塑造，为建设一个更加文明、和谐的社会作出重要贡献。通过这种教育，学生能够在遵守社会公德的基础上，树立正确的价值观，形成健康文明的生活方式，为社会的全面发展作出积极贡献。

3. 职业道德教育

职业道德教育是促进学生全面发展的关键一环。职业道德既是一种行为规范，也是对从业人员价值观和人生态度的规范。职业道德涵盖从业人员与服务对象、职业与职工、职业与职业之间的复杂关系。在高校中，职业道德包括爱岗敬业、诚实守信、办事公道、服务群众和奉献社会等方面。高校加强职业道德教育的目的在于帮助学生树立正确的职业观，形成敬廉崇洁的价值判断能力。例如，帮助学生正确对待未来职业生涯中的各种情况，如职位与待遇、工作中的苦与乐、奉献与索取等。职业道德教育还强调实事求是、公平公正的重要性，倡导学生在处理事务时能够摒弃私欲，坚守规则和原则。这有助于学生养成按规则办事的良好行为习惯，这对他们未来的职业生涯和社会行为都具有深远的影响。高校开展职业道德教育，旨在培养学生的社会责任感和道德观念，帮助学生在未来的职业生涯中展现出高度的道德素养和社会责任感，为社会的发展和进步作出积极的贡献。

4. 家庭美德教育

家庭美德作为公民在家庭生活中应遵循的行为准则，涵盖尊老爱幼、男女平等、夫妻和睦、勤俭持家和邻里团结等方面。这些既是家庭和谐的基础，也是社会稳定与发展的重要支撑。高校加强家庭美德教育，旨在引导学生正确对待亲情，培养他们正确处理亲情关系的能力。尤其是在当下社会，个别高校学生摆阔气、穿名牌、互相攀比等不良现象，更需要通过家庭美德教育进行矫正。崇尚节俭、艰苦奋斗、科学理财等教育内容，可以有效引导学生树立正确的价值观和生活态度。家庭美德教育对培育学生的廉洁从学精神有重要作用。通过加强家庭美德教育，学生能够在日常生活中体验廉洁从学的重要性，从而在思想和行为上得到锻炼。家庭美德教育不仅是对个体品格的塑造，更是对社会文明的传承和发展。

（三）强化反腐倡廉理论与实践教育的核心地位

秉持清正廉洁的优良传统、挖掘和利用中华优秀传统文化，对加强高校学生的廉洁从学教育具有重要意义。将这些传统融入教育内容，可以有效提升高校学生的道德素质，强化他们的廉洁自律意识。

1. 进一步加强反腐倡廉理论与实践教育

中国共产党自成立以来，始终将党风廉政建设和反腐败斗争放在重要位置，通过一系列重大决策和部署，积累了丰富的实践经验。这些经验主要体现在两个方面：理论教育和形势教育。

在理论教育方面，历届中共中央领导集体对反腐倡廉理论和实践的重要论述，为学生提供了科学的理论支撑。这种理论教育不仅是知识的传授，更是思想上的武装。通过深入学习这些论述，学生能够在思想上加深对反腐倡廉工作的认识，明确个人在这一过程中的角色和责任。在形势教育方面，反腐倡廉教育能够引导学生正确判断和分析反腐倡廉形势，意识到社会法律法规、监督等体制的重要性，以及个人良好道德品质和行为对社会和自身的积极影响。通过形势教育，学生的廉洁从学意识得以增强，为塑造拒腐防变的良好品质奠定了坚实基础。这两个方面的教育相互补充，共同构成一套完整的反腐倡廉教育体系。理论教育为学生提供理论支撑，形势教育则为学生提供在实际情况中理解和应用的理论。这种教育模式有助于提升学生的道德修养，同时为社会的健康发展培养具有责任感和使命感的年轻一代。

2. 增强党纪国法的规范教育

美国著名法学家埃德加·博登海默（Edgar Bodenheimer）曾指出：在法律统治的地方，权力的自由行使受到规则的阻碍，这些规则使掌权

第五章　启智润心：塑造高校学生廉洁从学文化

者受到一定行为方式的约束。[①]这一观点清晰地阐明了法律对权力行使的制约作用，同时为高校法治教育提供了理论依据。高校向学生普及基础法律知识、中国特色社会主义法律体系，以及宪法及基本法律的精神和内容，是法治教育的重要一环。这不仅是为让学生"懂法"，更是为构建一个法治化的校园环境和社会氛围。教导学生在实际生活中运用法律维护自身合法权益，同时履行法定义务，是对学生维权意识和责任意识的培育。这有利于学生在实际生活中用法、守法，增强其对法律价值的认同，深刻认识到法律在现代社会中的重要性，理解法律作为维护社会公平、公正的主要手段的价值。这样的法治教育既是知识的传授，也是价值观的塑造和理念的升华。

3. 加强我国古代廉洁思想教育

中华民族历史悠久，廉洁文化传统深厚，在古代治国安邦的策略中，注重吏治、倡导廉洁和整治腐败的理念及实践占据着极其重要的地位，同时对当代大学生的廉洁教育具有深刻的启示意义。加强中国古代廉洁思想教育，能够有效提炼并继承我国古代廉洁思想的精华。将我国古代廉洁思想与大学生实际需求相结合，能够更好地指导大学生树立正确的价值观，更深刻地理解"廉洁光荣、腐败可耻"的价值取向，并在日常生活中自觉提升个人修养，践行廉洁自律的行为规范。这不仅是对个人品质的塑造，还是对社会主义核心价值观的积极践行；不仅是一种知识的传授，还是一种精神的熏陶和道德的引领。在这个过程中，大学生能够更好地理解廉洁文化的重要意义。

---

① 博登海默.法理学：法律哲学与法律方法[M].邓正来,译.北京：中国政法大学出版社，1999：357-359.

二、聚焦教育核心，拓展高校学生廉洁从学教育的途径

加强廉洁从学文化建设，需要将廉洁精神文化作为核心，同时发挥廉洁制度文化、行为文化和环境文化的综合作用。这种方法有助于将廉洁从学文化建设从单一的、平面的教育模式转变为立体多维的教育体系。此外，高校应致力将廉洁从学文化融入学生日常生活的各个方面，从而实现文化建设的全面渗透。将有形的教育手段与无形的思想意识结合，不仅能增强廉洁文化的实际影响力，还能增强其在学生心中的影响力。这有助于学生强化廉洁意识，发展职业生涯。

（一）课堂教学是高校学生廉洁从学教育的主要途径

将廉洁教育纳入课堂教学，有助于创建更加健康的学术环境。学生在不断地学习和交流中，不仅能学习知识，还能学习如何成为社会的负责任成员。

1. 强化思想政治理论课的核心引领作用

作为树立正确世界观、人生观和价值观的重要途径，思想政治理论课在培养大学生政治思想及品德方面起到关键作用。这门课程在关注学生知识教育的同时，更重视学生廉洁从学精神的培育。系统的廉洁从学教育，能够有效引导学生自觉养成廉洁自律的习惯，促使他们以腐败为耻，以清廉为荣。通过课堂教学，学生可以更深刻地理解国家反腐败的形势与决心，从而加深对反腐倡廉的认识和理解。诚实守信、正直自律既是个人品质的体现，也是社会文明进步的重要标志。廉洁从学教育通过课堂教学的方式，使学生在走向社会前具备了拒腐防变的免疫力，这对他们未来在社会中的角色定位和行为选择具有深远影响。因此，高校

应高度重视思想政治理论课在廉洁从学教育中的核心地位，通过丰富的教育内容和形式，引导学生形成良好的社会主义核心价值观，为培养高素质、高道德操守的新时代青年才俊奠定坚实的基础。例如，将廉洁从学文化内容引入班会、辩论赛等，可以有效强化学生的廉洁意识、增强道德判断能力。围绕党规党纪的教育并不局限于教职工及学生党员，而是通过"话廉洁、守初心"等活动，将廉洁教育普及到广大师生中，从而进一步筑牢思想堤坝，在学校中形成崇德尚廉的良好风尚。

2. 重视专业课在廉洁从学文化教育中的重要作用

教师应深挖学科内含的廉洁和道德教育资源，实现知识传授与廉洁教育的有机融合。这种教学方式将廉洁从学教育的深层内容融入科学文化知识的教学中。为了更有效地实现这一目标，高校应创设开放性的教学环境，让学生在真实的环境中体验和领悟廉洁从学文化的精髓，在学习的过程中进行深层次的感悟和内心的升华，逐渐形成并巩固廉洁品质。高校专业课程中的廉洁从学教育不应停留在理论层面，而应通过实践和体验，引导学生将廉洁从学理念融入日常学习和生活中。这有利于更有效地促进学生品德的全面塑造，为社会培养具有社会责任感和道德规范的人才。在这个过程中，高校教师的教学方法和对学科内涵的深入挖掘，是实现这一目标的关键。

3. 重视层次分明的教育实施

在不同学习阶段，大学生应接受不同的廉洁从学教育，以确保教育效果的最大化。对低年级大学生的廉洁从学教育，重点应放在诚实守信教育和法制教育上。因为低年级大学生的价值观和人生观正在形成和稳固中，通过强化诚信教育和法制教育，可以有效地培育学生的诚实守信意识、养成遵纪守法习惯。这有助于学生个人品德的塑造，同时为他们未来在社会中的正当行为打下坚实基础。对高年级大学生的廉洁从学教育，重点则应放在职业道德教育和廉洁教育上。因为高年级大学生即将步入社会，面临的挑战和压力也随之增大。职业道德和廉洁教育，可以帮助他们正确处理内心的冲突，学会理性分析和舒缓心理问题，以及帮助他们端正清白做事，形成自重、自省、自警、自励的生活态度。这对促进他们形成初步的廉洁观念至关重要。这样层次分明的教育实施，可以更加有针对性地满足不同年级学生的需要，有效地强化廉洁从学教育效果，同时有助于学生个人品德的塑造和专业素养的提升，从而为他们的未来发展奠定坚实的基础。

（二）强化廉洁环境文化在高校学生廉洁从学教育中的核心地位

廉洁从学文化建设旨在引导学生形成正确的行为准则和价值观。廉洁环境文化不应限于理论教育，更应通过实际行动和校园生活的各个方面体现出来。通过这种方式，廉洁从学文化能够更加深入人心，为培养具有社会责任感和道德准则的社会成员奠定坚实基础。

1. 开展多元化的文化活动

将廉洁从学文化融入校园文化活动，可使廉洁从学文化教育更加生动并贴近学生的日常生活。例如，组织读廉政书、唱廉政歌、听廉政课、讲廉政故事等活动，能够直观地向学生传达廉洁从学的重要性。又如，观看警示教育片，举办廉洁教育书法展、漫画展、图片展等，可以从不同角度、不同形式加深学生对廉洁文化的认识和理解。在更具互动性的活动方面，廉洁演讲比赛、知识竞赛等不仅有助于激发学生的参与兴趣，还有助于提升他们的思考和表达能力。再如，通过组织模拟法庭、辩论会、擂台赛等，学生能在实践中学习法律知识，增强法治观念。这些文化活动的共同点是将思想性与艺术性完美结合，以大学生喜闻乐见的方式传达廉洁从学理念。通过这些活动，廉洁从学教育不会停留在理论层面，而是深入学生的日常生活，进而实现潜移默化地影响学生。这种方法能有效地增强廉洁从学教育的穿透力和吸引力，在校园内形成"廉洁光荣，腐败可耻"的浓厚氛围，促进学生廉洁从学意识的增强。

2. 加大廉洁环境文化的建设力度

高校可以通过多种渠道和方法，将廉洁文化融入学生日常生活和学习环境中。具体来说，高校可以充分利用校园内的宣传橱窗、广播站、网络平台等媒介，积极开展廉洁知识的宣传工作。例如，在校园宣传橱窗张贴写有廉政警句、廉洁格言的标语，不仅能美化环境，更重要的是能传递廉洁理念。又如，利用网络平台的广泛影响力，建立大学生廉洁教育专题网页或网站，开展多样化的网上廉洁教育活动，为廉洁教育开辟新的渠道。这种方式既能扩大廉洁教育的覆盖范围，还能增强教育的互动性和趣味性。通过网络平台，高校能够及时更新廉洁教育内容，使之更贴近学生的实际需求和生活习惯。这些举措可以有效地用健康向上、清正廉明的文化思想充实大学生的精神世界，促进他们全面健康成长。这些多元化、多渠道的廉洁教育方式，不仅能提升廉洁文化的传播效率，还能深化学生对廉洁从学重要性的认识，对培养具有社会责任感和道德自律意识的高素质人才具有重要作用。

3. 组织以廉洁从学为主题的系列活动

组织以廉洁从学为主题的系列活动，对高校营造清正廉洁的校园文化环境、提升学生道德修养，具有重要意义。精心设计内容丰富、形式新颖的廉洁从学教育活动，可以有效地传播廉政知识，培育和构筑廉洁从学文化。例如，开展党风廉政教育宣传月活动、法制宣传教育月活动、

高校廉洁文化建设的多维探索与实践

学风建设活动月活动、特色党（团）日活动、主题班会、典型事迹报告会、文艺表演、专题讲座、大学生论坛、案例辨析等，能够增强廉洁教育的感染力和吸引力。大学生能在参与这些活动的过程中深刻感知和接受廉洁教育，从而树立廉洁理念。同时，这种教育方式能够助力学生养成反对腐败、抵制腐败、厌恶腐败的行为习惯，进一步强化"以廉为荣"的廉洁之风在校园的普及和深入人心。这些活动是廉洁从学教育的一种方式，更是高校精神文明建设的重要组成部分。通过这些活动，高校能够有效地将廉洁从学理念融入学生的日常学习和生活中，实现廉洁教育的全面覆盖，进而深入人心。这对提升学生的综合素质，构建和谐、文明的校园环境，具有积极且重要的作用。

（三）充分发挥社会实践在高校学生廉洁从学教育中的关键作用

定期开展针对大学生的廉洁教育实践活动，可以有效推进高校廉洁文化建设。这种教育方式适应了大学生群体的特点，使他们在实践中深入体验廉洁从学文化的重要性。大学生在这个过程中不仅能陶冶情操、净化心灵，还能在廉洁实践中升华自身境界。

1. 加强校内实践活动的组织与实施力度

高校党团组织应充分利用其组织上的优势，在校园内开展多样化的廉洁从学实践活动。这些活动应遵循大学生思想道德形成和发展的客观规律，同时应适应大学生的年龄层次、心理特点、知识水平和接受能力，确保廉洁教育内容的科学性和有效性。

具体而言，将廉洁教育融入丰富多彩的党团活动，可以让学生在参与中学习。例如，组织"读书思廉"活动，不仅能够提升学生的廉洁理论素养，还能够在阅读与思考中加深其对廉洁从学重要性的理解。又如，

第五章 启智润心：塑造高校学生廉洁从学文化

利用党日活动、团日活动和班会等，组织学生讨论重大或典型的案例，尤其是与大学生生活紧密相关的，帮助他们加深对反腐倡廉重要性的认识，增强辨别是非的能力。再如，廉洁从学教育的开展需要注重针对性和实效性。通过案例分析和讨论，学生能够更直观地理解廉洁从学的重要性，加深对个人行为规范的认识。这样的实践活动能够增强学生的廉洁自觉性，以及对社会规范和职业道德的认同感。在实践活动中，高校还应注重活动的创新性与多样性，避免形式主义，确保廉洁从学教育的吸引力和感染力。例如，创新教育方式，丰富教育内容，激发学生的学习兴趣，使廉洁从学教育深入人心。这样，学生能够在参与和体验中逐渐树立起正确的价值观，为其未来的职业生涯和社会生活打下坚实的道德基础。

2. 增加学生的社会实践活动

高校应增加学生的社会实践活动，将其作为廉洁从学教育的重要组成部分。社会实践活动有助于学生在实际操作中培育廉洁自律意识和能力。通过各类社会实践，大学生能够在多种环境下体验和学习，从而全面提高自身的道德水平和社会适应能力。社会实践活动的多样化，如志愿服务、社会调查、专业实习等，为学生提供了广泛的学习和锻炼机会。在这些活动中，学生不仅能够学习到专业知识和技能，还能够学习如何处理各种实际问题。这种实践经历对学生理解和践行廉洁从学原则至关重要，而且还能够帮助学生树立正确的世界观、人生观和价值观，增强其社会责任感和正义感。

3. 有效利用社会资源进行廉洁从学教育

高校廉洁从学教育的有效实施离不开对社会资源的充分利用。通过挖掘、整合社会资源，高校可为大学生提供更广泛、多元的廉洁从学实践机会。例如，高校可以组织学生参观工厂、革命纪念地、警示教育基地等，使学生深入社会，从而更全面地了解和服务社会，增强其社会责任感。又如，参与公益活动，如社会服务、志愿服务、生产劳动及勤工俭学等，同样是廉洁从学教育的有效途径。这些活动不仅能够培养学生的社会实践能力，还能提升他们的道德素养，加强他们的廉洁自觉性。再如，组织学生走访勤政廉政的模范人物、优秀企业家和领导干部，可以让学生在调研和寻访中接受更为直接和深刻的廉洁教育。这种面对面的交流和学习方式，能够让学生更加直观地感受到廉洁从学的价值和意义。为了更有效地推进廉洁从学教育，高校应更重视社会资源的整合，探索包括学校、家庭、社会在内的多方联动新模式。这种模式旨在创建学生、学校、家庭、社会四位一体的廉洁从学教育联动机制，形成有利于大学生廉洁从学教育的良好社会环境。

三、加强学风考风建设，增强高校学生廉洁从学文化建设的针对性

学风考风作为校风的重要组成部分，直接影响着学生廉洁从学文化的形成和发展。在这个过程中，确保学生养成诚实守信、正直自律、勤俭无私的优良品质，是检验廉洁从学文化建设成效的核心标准。加强学风考风建设，可以营造一个有利于学习和成长的良好氛围，有效拓展廉洁从学文化建设途径，增强廉洁从学文化的亲和力、渗透力和感染力，使其在高校中得到更广泛和深入的推广。

（一）精准定位教育切入点，加强思想教育

加强学风考风建设的核心在于解决思想认识上的问题。这要求学校从加强思想教育工作入手，重视思想引导的作用。有效的思想教育，可

第五章　启智润心：塑造高校学生廉洁从学文化

以引导学生形成正确的世界观、人生观和价值观，这对形成良好的学风考风至关重要。有效的思想教育能够增强学生的自我约束力，形成积极向上、诚实守信的学习态度，这是提升学风考风水平的重要途径。

1. 结合实际思想状况，开展有针对性的教育活动

高校在进行学风考风建设时，必须重视对学生世界观、人生观和价值观的引导，帮助学生明确政治方向和远大理想。当学生在思想上具备对祖国建设、服务人民的使命感、责任感和紧迫感时，则为学风优化奠定现实基础。在日常的学习和学术活动中，高校学生应主动形成诚信的品德。这不仅是对学术诚信的强调，更是对肤浅、浮躁学风的批判和反思。此外，高校应关注学生的身心健康。健康的身心状态是拒绝欺骗、投机等不良行为的前提。在加强廉洁从学教育的过程中，高校应将学生的身心健康作为重点，帮助他们在面对学习和生活压力时，保持正直、坚强的品格。针对不同年级的学生，教育活动的形式和内容应各具特色，教育内容应既合适又有效。例如，对于低年级学生，高校可以通过形势专题报告、座谈讨论会等方式，强调基础知识的学习和价值观的培养；对于高年级学生，则可以通过主题教育、考研交流会等形式，重点培养其历史使命感和责任感。教育不仅应注重普遍性，还应注重个体差异性。正面与反面教育相结合的方法，既晓之以理又动之以情，有助于深化学生的认识，提高其内在动力。在此基础上，教师与学生建立良好的师生关系，成为他们的朋友，多与他们交流心得，帮助他们解决学习和生活中的实际问题，将极大增强教育活动的实效性。这种方式，不仅能突出学生在学风建设中的主体地位，还能增强他们的主观能动性。

2. 激发学习兴趣，增强学习动力

学习动力源于个体对知识的兴趣，这一点在高校学生的学习中表现得尤为明显。兴趣浓厚，则学生的主动性强，学习投入更大。高校学生学习状况不佳的一个重要原因就是学习兴趣缺失。高校在培养学生学习兴趣方面，应着重考虑学生的主体性和学习参与度，方法上要坚持知行合一，摒弃单一的说教模式，积极开展道德实践活动，将这些活动与学生的学习生活相融合，帮助学生深化对专业发展前景的认识，激发学生对科学真理的追求。此外，高校应引导学生从身边小事做起，培育良好的道德品质和文明行为。这种方法有利于形成健康的学风考风，并使之深入学生的思想和行为中，实现学风考风的转变。需要强调的是，这种转变不仅是行为上的改变，更是思想和价值观上的转变。高校在培养学生的过程中，应重视学生兴趣的培养和动机的激发，同时要注意学习兴趣与道德素质培养的内在联系。实践活动与学习的结合，能够更有效地激发学生对学习的兴趣，增强他们的学习动力，进而形成积极向上的学习氛围。

（二）构建廉洁制度文化，增强学生学风考风建设的自觉性

制度建设是高校管理与教育质量提升的基石。教育与管理相辅相成，教育无管理则陷于无序，管理缺乏教育则易走向盲目。因此，高校可以通过教育引导与管理相结合，培养和增强学生廉洁从学的理念，确保学风考风建设的效果。严格的管理措施和制度是营造良好学术环境的关键。通过这种方式，学生能有效增强自主性和自觉性。

1. 强化制度框架：奖励卓越，惩处不端

"激励是思想政治教育的重要方法之一，其根本目的就是运用多种手段，充分调动人们的积极性和创造性，为社会主义现代化建设事业提供强大的精神动力。"[①] 奖励卓越是推动学风建设的有效手段。高校应建立

---

① 张耀灿，陈万柏.思想政治教育学原理[M].北京：高等教育出版社，2001：76.

明确的激励机制，通过给予奖学金、学术荣誉等方式，激发学生学习的积极性和创造性，鼓励学生在学术和学风方面表现出色。这不仅有助于学生的成长，还有助于高校营造良好的学术氛围和学风。高校还应建立有效的惩处机制，以惩处不端行为。不端行为，如作弊、抄袭等，严重损害学术诚信和学风建设。因此，高校应对学术不端学生采取严厉措施，包括警告、记过、留校察看等。这种严肃的处理方式将对其他学生产生警示作用，促使他们遵守学风考风规定，维护学术诚信。竞争是推动学术进步和综合素质提升的动力之一。高校可以通过组织学术竞赛、科研项目等方式，培育学生的竞争意识和创新能力，激发他们的学术兴趣。同时，高校应为他们提供资源支持，鼓励他们参与学术研究和创新活动，使他们具备更强的综合素质。高校还应完善学生素质综合测评实施办法，通过改进测评方法，更好地反映学生的学术水平和综合素质，从而更有效地引导学生的学习行为。这有助于确保学生将主要精力用于学习，培养学生的自觉行为，并逐渐形成良好学风。综合测评应加大对学生个体的引导力度，使其在学习过程中不断提升自己。

2. 完善管理机制，加强规范管理

完善高校学风考风建设的管理机制是确保学风考风规范的关键一步。通过建立监督体系、全员参与监管、培养学生自我管理机制以及建立评估机制，高校可以更有效地推动学风建设，确保学生廉洁从学，提高教育质量和学生素质。

（1）建立健全学生教育管理部门的学风考风监督体系。该监督体系应具备明确的权责分明的组织结构，以确保对学风考风的全面监督。此外，该监督体系应制订详细的监督计划，包括课堂学风监察、社团管理和寝室管理等方面的监管计划，以确保各个方面的学风问题能够得到妥善管理和改进。

（2）建立健全学风建设责任制。责任制是推动管理工作的有效机制。高校应明确各级管理部门和学生在学风建设中的责任，并建立相应的考核机制，以确保责任的履行。这将有助于各级管理部门更加积极地推进学风建设工作。

（3）建立健全学风考风监管系统。对学风考风的监管不应仅依赖专门部门，更应将其作为全体师生的责任。高校可以通过开展培训和宣传活动，增强全体师生的学风考风意识，鼓励他们积极参与监管工作。同时，高校应培养学生的自我管理意识，使他们逐步形成自律的学习习惯，包括学习目标管理、学习时间分配、学术道德修养等方面的自律体系。

（4）建立健全学风考风监督评估机制。该机制应具备可操作性、层次性和循序渐进性，以确保学风考风规范的逐步建设和改进。因此，高校可以定期进行学风考风评估，根据评估结果采取相应的措施。对于考风问题，高校应建立严格的约束和惩罚制度，以杜绝学习上不道德行为的发生。

（5）引入约束机制。高校中存在的个别考试舞弊、抄袭等学术不端行为，严重影响学术诚信和学风建设。因此，引入约束机制、对学生的学术表现和行为进行记录和归档，有助于学校对学生的行为进行监督和管理，同时为后续的综合测评提供重要数据支持。

（6）完善学生素质综合测评实施办法。通过综合测评，高校可以更全面地了解学生的学术水平和综合素质。在这个基础上，学校可以制订个性化的引导方案，针对学生的不足之处提供有针对性的指导和帮助。这有助于加大对学生个体的引导力度，促使他们更自觉地投入学习，从而形成优良的学风。

（三）找准结合点，寻找方法、途径，推进学风考风建设

学风考风建设，不仅受制度的影响，还受载体的影响。有效载体的选择应基于实际情况和相关数据，以实现事半功倍的效果。

1. 营造文化氛围，构筑建设平台

高校可以通过举办学术活动、科技竞赛活动，营造廉洁文化和学风建设的良好氛围，或者通过举办学术报告、讲座、科技创新比赛，为学生提供学术交流的平台，促进师生之间的深入讨论和学习经验分享。这有助于培育学生的学术习惯和人文精神，同时将廉洁文化融入学术和科技领域，提高廉洁文化的知识含量和科技含量。高校还可以通过建筑、雕像、园林等实物展示廉洁文化品牌、在校园中设置廉洁文化相关的雕塑和标志，这有助于加深学生对廉洁文化的理解和认同，塑造他们的廉洁意识和品德。此外，高校应坚持正确的舆论导向，通过校报、校园广播站、校园网站等途径加强廉洁文化宣传。宣传和教育是培养学生良好学风和廉洁精神的重要手段。高校可以通过多种媒体渠道，如校园媒体和社交媒体，传播廉洁文化理念，鼓励学生积极参与廉洁活动和社会公益事业。这将有助于增强学生的社会责任感和廉洁意识。

2. 搭建网络平台，拓展建设空间

搭建网络平台是拓展高校学风考风建设空间的重要步骤，由此，高校可以更好地了解学生的需求，更好地推动学风考风建设。

网络平台的交互性可以为高校学风考风建设提供强大支持。网络具有时空无限的特点，允许高校准确、及时地了解学生的思想动态和需求，从而有针对性地开展工作。因此，高校应加强校园网络建设，将其打造成主旋律传播、思想政治教育和管理服务的重要工具。具体来讲，高校应建设主题教育网站或网页，融合思想性、知识性、趣味性和服务性，积极开展网络思想政治教育活动，实现线上线下教育活动的互动与协同。这将为学风考风建设提供多样化的手段和平台。高校应坚持教育与管理相结合，将校园网络伦理规范制度化。除了法律法规和一般性道德倡导，高校还应明确制定具体的道德准则，以规范和约束学生的网络行为。这些准则应以廉洁从学为核心，要求学生在网络上积极学习科学文化知识，拓宽知识面，同时自觉抵制不良信息的侵袭。通过将伦理劝诫与制度约束有机结合，高校可以引导学生养成良好的网络行为习惯，保护校园网络的健康环境。学生在网络上的行为往往受到网络伦理观念的影响。因此，高校应积极开展网络伦理教育，增强学生的网络伦理意识，使他们明白在虚拟空间中的行为也对社会和个人都有重要影响。

3. 加强考试管理，严格考风考纪

加强考试管理是确保学风优良的关键。高校中存在的个别学生作弊等不良行为不仅损害学术诚信，还严重影响学风建设。因此，高校必须重视学生的考风考纪管理，建立科学严格的考试规章制度和约束机制，并确保其切实可行。对于违反考试制度的学生，必须根据规定进行批评教育和纪律处分，以维持正常秩序。需要注意的是，对于违纪学生的处理应该一视同仁，并以教育为主。这意味着在处理违纪学生时，学校应采取公平、公正的原则，不偏不倚地对待每一名学生，其重点是通过批评教育，使违纪学生认识到自己的错误，积极改正并遵守学风考风规定。在考试管理中，高校需要特别关注以下几个环节。第一，加大对考试纪律的宣传力度，利用各种媒体向学生宣讲考试作弊的危害性。第二，加强对学生的诚信教育，强化学生的诚信意识。学生的诚信度与其考试违纪行为之间存在明显的负相关关系。因此，高校可以通过开设诚信教育课程、开展诚信教育活动等方式，加强对学生的诚信教育，提高学生的道德水平，降低考试违纪的发生率。第三，实行监考老师责任制，加强对考试过程的管理。在一些高校中，监考老师的监管责任不够明确，容易导致监考过程中的违规行为。因此，实行监考老师责任制，加强对监考过程的管理，有助于提高考

试的公平性和严谨性。第四，校督学组和教学管理部门应流动巡考，加强对考试过程的监督和检查。巡考可以有效发现违规行为，强化考试的监管效果，减少违纪现象的出现。第五，加大对作弊学生的处罚力度。一些高校对学生考试违纪行为的处罚不够严厉，导致学生不在乎处罚。因此，高校应采取严厉的惩罚措施，如取消考试资格、记大过、留校察看等，以消除违纪行为，维护考试的公平、正义。

无人监考是一种有效的管理手段，旨在培育高校学生的诚信意识、维护考试的公平性。无人监考，指在考试过程中，采用技术手段而不是老师监控考场。但前提是，学生在考试前需要签署诚信考试承诺书，承诺不作弊。这不仅有助于预防考试作弊，还可促使学生深刻认识到诚信的重要性，将诚信视为做人的根本。营造讲诚信、反对考试作弊的文化氛围是高校学风考风建设的重要组成部分。数据显示，学校内部的文化氛围对学生行为有着深远的影响。由此，高校可以组织讲座、研讨会等活动，让学生深刻认识到诚信的重要性，从而增强自觉维护考试公平的意识。

第六章　弘扬正气：建设高校廉洁精神文化

第一节 高校廉洁精神文化的相关概述

一、高校廉洁精神文化的界定与特征

高校廉洁精神文化关乎科学价值观、思想理念、道德准则。廉洁文化的深入人心，对提升师生与管理者的道德情操、思想意识、意志品质具有不可估量的作用。深刻理解并准确把握高校廉洁精神文化的内涵，是构建和谐、健康校园环境的基石。

（一）高校廉洁精神文化的界定

高校精神文化，作为一所学校的灵魂，深刻体现在其办学思想、办学理念与办学传统中。高校精神文化蕴含着学校的文化底蕴和发展轨迹，对学校的教育教学活动和社会服务功能产生深远影响。校风、校训不仅是一句口号，更是对师生的激励与引导。例如，如果一所学校的校训强调创新精神，那么会激励教师在科研、学生在学习中不断探索新知，勇于创新。教风和学风则是精神文化在教学过程中的体现，教师的教学态度和方法、学生的学习态度和方法，都直接反映学校的精神文化。在长期的办学过程中，每所高校都会形成独特的精神文化。这种文化不仅凝聚着师生的智慧和汗水，更是激发他们前进的动力。同时，高校的精神文化在不断演进、不断反映社会的需求和发展趋势，是学校持续发展的重要推动力。

高校廉洁精神文化深刻反映了教育界对廉洁从业的理解和追求。在这种文化的熏陶下，管理干部、教师、学生各司其职，共同营造一个健

康、淳朴的学术环境。在高校中，管理干部应为廉洁从政的典范。他们应坚持公正、透明的管理原则，用自己的实际行动为全校师生树立榜样。在日常的管理工作中，他们应坚守职业道德，确保教育资源的公正分配，保障教学和科研活动的顺利进行。教师则应彰显廉洁从教的精神。他们应在传授知识的同时，注重品德教育，引导学生树立正确的价值观。在科研工作中，他们应坚持学术诚信，反对任何形式的学术不端行为，努力维护学术界的纯洁。学生则应在廉洁从学的道路上不断前行。在学习和生活中，他们应学会自我约束，铸造诚实守信的品质。在学校的各种活动中，无论是学术研究活动还是社会实践活动，他们都应秉持廉洁的原则，致力成为社会的有用之才。廉洁精神文化在高校的推广与深入人心，不仅能够促进校园文化的健康发展，还能够为社会培养大量优秀人才。

（二）高校廉洁精神文化的特征

高校廉洁精神文化对知识的追求，对道德、诚信和责任感的重视，深刻影响着师生的思想和行为。

1. 鲜明的政治性

高校廉洁精神文化的政治性，是社会主义先进文化在高校中的具体体现。高校不仅是知识的传播中心，还是社会主义人才培养的重要基地。在这样的背景下，廉洁精神文化建设成为高校的一项重要任务。高校廉洁精神文化建设旨在培养学生的社会责任感和集体荣誉感，使他们成为有益于社会、有能力推动社会进步的人才。高校可以通过组织实践活动，使师生深刻理解和认同廉洁思想，从而树立崇廉、爱廉的观念。这不仅有助于个人品德的塑造，还有助于为社会培养更多优秀的人才。

2.科学的导向性

高校廉洁精神文化是建立在科学的价值观之上的。在这种文化的指导下，高校管理者及师生能够深刻理解利弊、得失、真假、善恶、义利等概念，并作出明智的选择。这种文化不仅是一种理论体系，更是一种实践指南，教导人们坚持什么，追求和实现什么。廉洁精神文化在高校的深化，能够推动管理者及师生形成以廉洁为核心的价值观。这种价值观与封闭性、保守性和落后性形成鲜明对比，同时与资产阶级的个人主义、拜金主义、享乐主义等区别开来。科学价值观在高校廉洁精神文化中居于核心地位。它不仅在理论上指导着师生如何看待和分析问题，而且在实践中引领师生如何行动。

高校廉洁精神文化向高校师生传递着正确的价值观念，有助于形成健康、清廉的校园文化氛围。对于教师而言，廉洁精神文化能够帮助他们树立正确的教学观、人才观和质量观，促使他们强化责任意识和创新意识，不断提高教学质量，增强廉洁从教的自觉性。对于高校学生而言，廉洁精神文化能够帮助他们构建正确的世界观、人生观和价值观，培养廉洁修身的良好品行，成长为社会的栋梁之材。高校廉洁精神文化在解决问题上着重两个方面：一方面是指导高校师生正确处理个人与社会的关系；另一方面是指导高校师生正确对待责权利的统一关系。这要求他们在享有权利的同时，要承担相应的责任，从而促进个人与集体利益的和谐发展。

3.特定的指向性

高校廉洁精神文化具有特定的指向性，体现在其与高校使命（人才培养、科学研究和社会服务）的紧密相联上。廉洁精神在高校的具体实践中，表现为对学术诚信的坚持、对教育公平的维护以及对知识探索的尊重。在高校中，廉洁精神的培育和实践对营造一个积极向上的学术环境至关重要。高校廉洁精神文化建设是一个全面、深入的过程。它要求每一位高校成员，无论是教师还是学生抑或是管理者，都应在学术活动中坚守廉洁自律，共同维护健康、和谐的学术环境，为社会输送有道德底线、有知识能力的优秀人才。

在追求学术真理的道路上，高校廉洁精神文化是学术研究和人才培养的基础。高校管理干部的廉洁自律不仅是个人品德的体现，更是对学术氛围的积极营造。教师的廉洁从教不只针对知识传授过程，还针对专业基础、研究技能和方法的培养。教师通过自身的言行，为学生树立学习的榜样，引导学生不断深入探索知识的真谛。学生的廉洁从学涉及形成良好的学风和学习态度。这不仅有助于他们树立正确的价值观，还有助于促进他们在科学研究方面的兴趣和能力的提升。总而言之，高校廉洁精神文化建设，对提高学术研究质量、培养高素质专门人才具有不可估量的价值。

4. 较强的辐射性

高校不仅是培养高素质专门人才的重要基地，还是先进文化的重要辐射源。校园文化承载着社会文化和社会精神，同时发挥着辐射和推动作用。校园文化与社会文化之间存在着相互影响和渗透的关系。高校廉洁文化，特别是廉洁精神文化的影响力远远超出了校园范围，能够触及学生家庭，乃至整个社会。高校廉洁精神文化建设，可以在校园内营造出一种以弘扬廉洁精神为核心的独特文化环境和精神氛围。这种文化环境和精神氛围深刻影响着师生廉洁价值观、廉洁意识的形成以及廉洁行为的选择。换句话说，高校廉洁精神文化从根本上影响着师生的思想、思维与行动。在高校廉洁精神文化的影响下，高校学生、教师、管理者具有较高的文化素养和对社会新鲜事物的敏感性，有助于推动廉洁精神文化的传播。廉洁精神文化从校园延伸到家庭，再从家庭传播至社会，进而成为社会廉洁文化的重要辐射源之一。因此,高校廉洁精神文化的构建和弘扬不应被视为一项孤立的活动,而应被看作一项深远的社会文化建设工程。而高校在这个过程中扮演着至关重要的角色,既是培育者,也是推动者。

二、高校廉洁精神文化与高校廉洁文化的关系

高校廉洁精神文化于廉洁文化而言至关重要。高校廉洁精神文化的培育,是提升高校廉洁文化水平的关键。

(一)高校廉洁精神文化:廉洁精神与廉洁文化的桥梁和纽带

高校廉洁精神文化与高校廉洁文化之间的关系紧密且深入。高校廉洁精神文化是一种精神追求,反映了高校在廉洁方面的价值取向和道德标准。在众多高校廉洁文化表现形式中,廉洁精神文化直接以精神为维度对廉洁进行诠释,为高校廉洁文化的理解和实践提供明确指导。高校廉洁文化的其他形式,如制度文化、物质文化等,与廉洁精神文化共同构成一个完整的高校廉洁文化体系。这些文化形式相互补充,共同推动高校廉洁文化发展。

高校廉洁精神文化是高校廉洁精神向高校廉洁文化转化的关键一步,更是从隐性到显性、从精神到文化的桥梁和纽带。在高校廉洁精神文化的构建过程中,高校成员对廉洁精神的理性认知尤为重要,这种认知实际上是对高校廉洁精神文化价值的深入理解。高校廉洁精神文化建设,不仅体现在教育和管理层面,还应渗入校园文化的每一个角落,通过在校园活动、教育课程和日常行为中的渗透,成为高校文化的一部分。因此,高校廉洁精神文化建设,有助于促进高校整体文化氛围的营造,为

学生和教职工创造一个正直、诚信的学习和工作环境。在这样的环境中，廉洁不再是抽象的概念，而是每个人的实际行动和选择。如此，高校廉洁精神文化便成功地将高校廉洁精神的内涵转化为校园生活的实际体现，为培养具有社会责任感和道德操守的人才奠定了坚实基础。

（二）高校廉洁精神文化：引领高校廉洁文化建设的思想灯塔

高校廉洁精神文化作为一种深刻的理性认知和价值取向，对校园内的管理干部、教师、学生等都有着深远的影响。高校廉洁精神文化是高校廉洁文化建设的思想灯塔，是塑造校园文化环境的重要力量。它在高校长期的办学实践中获得了广泛认同，成为推动校园各项事务向着更高标准发展的关键。在高校廉洁精神文化的引领下，党风廉政建设、师德师风建设以及学生的道德行为规范等都得到了有效加强和完善。在此背景下，管理干部展现出高昂的工作热情和高效的服务态度，教师展现出对科研探索的不懈追求，学生则展现出积极奋进的学习态度，他们共同营造了一个和谐、向上的校园氛围。在高校廉洁精神文化的文化熏陶下，校园里每个人都能感受到正面的、积极向上的力量。这种力量像一束明灯，照亮了高校在道德和文化建设道路上的前行。

（三）高校廉洁文化：展现了高校廉洁精神文化的发展和变化

廉洁精神文化作为廉洁文化的核心，深刻影响着高校的每一个成员，包括管理干部、教师和学生。这种精神文化不仅是一种理念，更是一种行动指南，引导着高校成员在日常生活和工作中，自觉践行廉洁自律的标准，营造健康、正直的学术和生活环境。

高校廉洁精神文化并非一成不变，其建设也非一劳永逸，而是随着时代的不断发展变化，吸纳时代中的有益元素，不断丰富和发展自身，体现时代特征，折射时代意蕴。例如，清华大学"自强不息、厚德载物"的八字校训，通过清华人自励自勉的传承和升华，演绎为今天体现时代精神的"严谨、勤奋、求实、创新"的清华学风。高校廉洁精神文化建设，不断适应时代发展，不仅积淀了高校的文化底蕴，还为学生提供了一个良好的学习和成长环境，对高校自身的持续发展和社会的整体进步具有不可忽视的作用。

第二节　廉洁精神文化建设：高校廉洁文化建设的根本

一、高校廉洁精神文化建设：培育具备廉洁精神的社会主义事业建设者和接班人的核心需求

高校作为培养社会主义事业建设者和接班人的重要基地，肩负着提高教育现代化水平、培育德智体美劳全面发展的社会主义事业建设者和接班人的历史使命。高校廉洁精神文化建设旨在培育具备廉洁精神的高校学生。这是对高校教育现代化发展的高要求，也是新时代背景下对高校的新期待。高校学生是国家和民族未来发展的中坚力量，他们的全面发展对国家、民族和社会具有深远的影响。高校在传授学生专业知识和技能的同时，应重视对学生世界观、人生观、价值观的塑造。高校应引导学生树立正确的人生航向，坚持科学知识学习与文明素养培育并重、知识积累与品德修身并举、体魄锻炼与意识品行培养并行。高校可以通过多种方式，加强对学生廉洁意识的培育。高校廉洁精神文化建设的目标是培养具备社会主义现代化建设所需素质的合格建设者和可靠接班人。为此，高校需要不断创新教育理念和方法，构建符合时代发展要求的教育体系，确保学生在学业、品德和审美等方面能得到均衡发展。高校还需要牢记使命，深化教育改革，全面提高教育质量，为培养更多具备廉洁精神的社会主义建设者和接班人作出积极贡献，为建设更加繁荣昌盛的社会主义现代化国家奠定人才基础。

第六章 弘扬正气：建设高校廉洁精神文化

（一）培养具备廉洁精神的人才是培养社会主义事业接班人的必然要求

高校作为培养社会主义事业接班人的重要阵地，肩负的使命不仅是传授知识和技能，更重要的是对学生进行思想道德教育。廉洁精神关乎个人品质，更是社会进步、和谐的基石。高校加强廉洁精神文化建设，对培育社会主义事业接班人尤为重要。廉洁精神涉及道德修养和个人品德的铸造，还包含对社会责任感和历史使命感的认识。高校应引导学生深刻理解马克思主义的基本原理、方法，培养他们辨别是非的能力，助力荣辱观、道德观的形成。高校还应关注学生的全面发展，引导他们树立正确的价值观、人生观。这包括培养学生的自学能力，鼓励他们积极探求知识，培养独立思考的能力。在此基础上，高校需要关注学生的精神文化生活，并通过开展各种文化活动，丰富学生的精神世界，使他们在追求知识的同时，能够体验到人文关怀。

在高校廉洁文化建设中，廉洁精神文化的系统性和深刻性发挥着不可替代的作用。廉洁精神文化能够使学生在接受教育的过程中，自然而然地将这种精神内化为思想观念的一部分。在廉洁精神文化建设与廉洁文化教育的开展过程中，学生不仅能学习知识和技能，还能学习如何以清正廉洁的态度面对未来的挑战。

（二）培养具备廉洁精神的人才是助推社会廉洁之风的根本要求

廉洁精神的培育不仅是一种道德教育，更是营造社会廉洁之风的基石。在多元文化和价值观的影响下，一些传统廉洁文化所摒弃的价值观，开始在社会某些领域中蔓延。这种现象对社会的廉洁风气构成了严重威胁。高校在这方面承担着不可推卸的责任，需要通过教育和文化的引领，重塑廉洁价值观。高校应成为廉洁文化的传播者和实践者，培育具有廉洁精神的学生。这对维护社会的廉洁之风具有深远意义。高校还应致力营造一种正面的学术氛围，让廉洁成为校园文化的一部分，影响和激励每一名学生。只有这样，才能真正培养出为社会作贡献的优秀人才。

廉洁文化在中国传统文化中根深蒂固，历来受到人民群众的尊崇和追求。如今，将这种文化深植高校，对提升社会道德水平具有深远影响。高校不仅是知识传授的场所，更是价值观塑造和文化传承的重要阵地。在这里，学生不断接受廉洁精神的熏陶和教育，从而形成正确的世界观、人生观和价值观。加强高校廉洁精神文化建设的关键在于引导学生深刻理解廉洁意识的重要性，并将其内化为个人行为准则。当受过良好教育的学生走出高校，无论是成为行业专家、骨干，还是员工，他们所展现的廉洁品质和专业能力，将成为推动社会廉洁风气向好的强大动力；他们的言行将成为社会的榜样，引领更多人强化廉洁意识，共同构建廉洁、和谐的社会环境。

历史上，像包拯、海瑞这样的清官，以及像孔繁森、任长霞这样的人民公仆，他们的廉洁形象深入人心，他们的行为展示了廉洁精神与坚定政治信仰、崇高理想信念的紧密结合。具备廉洁精神的人才，不仅能在个人层面上严格要求自己，还能影响和带动周围人。他们在坚守个人品德的同时，与不良思想和观念进行斗争，为社会风气的净化作贡献。在高校中加强廉洁精神文化建设，对营造一个风清气正的学术环境、促进学生全面健康发展具有深远意义。故此，廉洁精神的培育，不仅是对学生个体品质的塑造，更是为社会输送具有责任感和使命感的年轻一代，为社会主义现代化建设贡献力量。

（三）培养具备廉洁精神的人才是推进经济社会科学发展的关键所在

知识经济时代的到来，使得经济社会科学的发展更加依赖创新型人才。在这一背景下,高校作为人才培养的主阵地,其肩负的责任和使命越发显著。在知识经济时代,经济发展的动力转变为对知识和信息的依赖,高素质人才成为推动经济社会发展的关键。对人才的要求不仅要掌握专业知识和技能,更加注重人才的综合素质和创新能力。因此,高校在培养人才的过程中,应重视廉洁精神的内化与实践,使学生在掌握专业知识的同时,具备良好的职业道德和社会责任感。廉洁精神的培育,对增强一个国家的综合国力具有深远影响。一个国家的竞争力,不仅取决于经济和技术实力,还深受人力资源质量的影响。廉洁精神的培育,能够提升人才的道德水平,从而增强社会的整体诚信度和公正性。此外,高校应致力构建一个有利于廉洁精神培育的教育环境。这不仅包括在课程设置和教学方法上的改革,还包括校园文化的塑造和实践活动的开展。通过这些方式,高校可以有效地培养出既具备专业技能又拥有良好道德品质的人才,为社会的高质量发展贡献力量。

培养具备廉洁精神的学生,是培养社会主义"四有"新人的核心任务。廉洁精神的培育,是经济社会科学发展的关键。高素质人才应具备坚定的信念,树立正确的人生观、价值观,具备公道正派、无私奉献的品德。同时,他们还需要具备宽广的知识面和高超的专业技能,能够运用辩证唯物主义的观点分析和处理各种问题。经济社会的快速发展依赖高素质人才,科学发展则需要道德素质高尚、纪律观念严明的人才。廉洁精神的培育成为推动社会进步的重要因素。因此,高校应尽最大努力承担起廉洁精神文化建设的重任。

二、高校廉洁精神文化建设:高校建立健全党风廉政建设和反腐败工作长效机制的必由之路

为了确保党风廉政建设及反腐败工作的长效性和深入性,高校需要着重加强廉洁文化建设。在这个过程中,廉洁精神文化的培育尤为关键。

廉洁精神文化不仅是一种行为规范，更是一种价值观和信仰。高校廉洁精神文化建设，实际上是对学生及教职工思想道德素质的全面提升。这需要融入高校的各个方面，包括教学、科研、管理等，形成全员、全方位的廉洁教育氛围。

（一）高校廉洁精神文化建设：加强高校党风廉政建设的重要举措

廉洁教育不仅是高校育人的一部分，更是加强党风廉政建设、推动科学发展的重要内容。高校廉洁精神文化建设的推进，可以有效地提升学生的道德素养和价值观念，为社会培养具有良好道德品质的人才。高校是培育人才的重要场所，廉洁教育的渗透和推广尤为必要。加强高校廉洁精神文化建设的关键在于教育的全面性和深入性。这要求教育行政部门、学校以及共青团组织等多方协同合作，将廉洁教育与思想道德教育紧密结合，深化学生的道德认识。通过参与多元化的实践活动，学生可以在参与中学习，在实践中感悟，从而树立正确的价值观和道德观。此外，建立健全预防和惩治腐败的体系也是重要一环。这不仅涉及制度的完善和监督的加强，还涉及通过教育引导学生自觉远离腐败，形成廉洁自律的意识。高校在这个过程中扮演着关键角色，承担着通过具体实践活动，让学生深刻理解廉洁的价值和意义的重任。

高校应致力培育崇尚廉洁、抵制腐败的价值观念，这是预防腐败的有效途径。在思想教育上，高校需要引导师生树立正确的价值观，摒弃与社会主义道德不符的观念。廉洁精神文化的弘扬，能在校园中形成正面的示范效应，使师生在日常生活和学术研究中时刻保持高尚的品德。高校还应不断加强廉洁文化建设，让廉洁精神成为师生的行为准则和思想信念，从而为党风廉政建设注入源源不断的动力。

（二）高校廉洁精神文化建设：高校开展反腐败斗争的迫切需要

高校廉洁精神文化建设关乎教育领域的清正廉明。在反腐倡廉建设中，高校扮演着至关重要的角色。高校迫切需要深化对反腐倡廉重要性、紧迫性和严峻性的理解，以减少腐败现象。为了奠定拒腐防变的思想基础，加强思想政治教育和法纪教育尤为必要。加强思想政治教育，有助于师生行动上的自觉，从而打造一个廉洁、诚信的学术环境。高校廉洁精神文化建设是一项系统性工程，需要从多个维度入手，紧密理论与实践的结合，确保廉洁教育的有效性。

加强社会主义荣辱观教育，能有效促进高校党员干部坚定社会主义理想信念，树立正确的权力观、政绩观和利益观。这有助于他们全心全意为师生员工服务。此外，加大对党性党风党纪、法律法规的宣传，不仅有助于高校党员干部树立坚定的遵纪守法观念，还有助于筑牢他们在思想道德上抵御腐败的防线。当党员干部深刻理解并遵守党纪法规时，他们能更自觉地做到廉洁。加强党的优良传统和职业道德教育，能够促使高校党员干部主动培养清正廉洁的道德品质，自然有效遏制腐败风气的滋生和蔓延。

在建立健全党风廉政建设和反腐败工作长效机制的过程中，高校廉洁文化的塑造应着眼于从源头上防止腐败：一方面，高校管理干部要树立清廉行为的标杆；另一方面，要在全体师生中营造廉洁自律的氛围。通过理论教育与道德教育，廉洁文化能够深入人心，并成为师生自觉履行的行动准则。廉洁精神文化建设不仅是对高校管理干部的要求，更是对所有高校成员的期望。在这个过程中，高校应当充分发挥自身的教育优势，将廉洁教育融入日常教学与实践中，形成全方位、多层次的廉洁教育体系，为培养具有高度反腐倡廉意识的高素质人才奠定坚实基础。

三、高校廉洁精神文化建设：高校廉洁文化发展和创新的重要保证

廉洁文化的特点在于其相对独立性，能够独立于其他文化形态存在。廉洁文化在促进高校发展方面发挥着不可或缺的作用，能够帮助高校保持生机与活力。同时，高校廉洁文化的发展和创新，不仅是高校内部发展的需求，更是社会对高等教育机构的期望。廉洁文化的培育和强化，对提高学生的道德素养、塑造良好的校园环境、形成健康的社会风气，都具有至关重要的作用。因此，高校在发展过程中需要重视廉洁文化建设，并以此作为推动自身及社会发展的重要动力。

（一）高校廉洁精神文化建设：促进廉洁文化的发展和创新

高校廉洁精神文化建设要紧密围绕时代精神的核心展开。时代精神是社会进步和发展的风向标，高校作为培养人才的地方，必须紧跟时代的步伐。廉洁精神文化要与时代精神相契合，反映出社会对道德、诚信的要求。只有如此，高校廉洁精神文化才能与时俱进，不被时代淘汰。高校廉洁文化的发展与创新离不开廉洁精神文化建设。廉洁精神文化是高校廉洁文化的根本。只有不断地提炼和总结廉洁精神文化，才能不断地推动廉洁文化的发展和创新。因此，高校需要积极培养学生的廉洁意识，增强师生的廉洁道德观念，以廉洁精神文化为引领，推动高校廉洁文化的蓬勃发展。

高校廉洁文化是高校在长期的教育、科研和社会服务中形成的一种精神和行为秩序，体现在高校内部管理、教育教学、科研活动和社会服务中。高校廉洁文化建设需要高校管理者、教师和学生共同努力，有针对性地解决存在的问题，推动廉洁制度文化、廉洁行为文化和廉洁环境文化的建设。高校廉洁文化建设还需要高校管理者、教师和学生深入挖掘廉洁精神。廉洁精神体现了高校成员对诚信、正直、公平和责任的追

第六章 弘扬正气：建设高校廉洁精神文化

求。只有深入研究廉洁精神，才能更好地理解廉洁文化的内涵和价值。廉洁精神的提炼和传承是高校廉洁文化建设的基础。高校廉洁文化建设需要建立健全廉洁制度文化。廉洁制度文化是确保高校内部管理规范和透明的重要保障。高校应建立明确的廉洁制度，包括反腐败机制、财务管理制度和考核评价制度等，以保障高校内部管理的廉洁和公平。只有建立健全制度文化，才能有效地防止腐败行为的发生。高校廉洁文化建设需要培养廉洁行为文化。廉洁行为文化是高校成员秉持的一种行为准则，包括廉洁从教、廉洁从学和廉洁为人等。高校应通过教育和培训，培养教职工和学生廉洁的态度，引导他们树立廉洁行为意识。高校廉洁文化建设需要培养廉洁环境文化。廉洁环境文化要求高校内部的工作环境和学习环境是廉洁、清朗、和谐的。高校应建立和维护廉洁的工作和学习环境，提供公平的机会和资源分配，确保高校成员在廉洁的环境中工作和学习。高校廉洁文化建设是一个持续发展和不断创新的过程。只有深入挖掘廉洁精神、建立健全廉洁制度文化、培养廉洁行为文化和廉洁环境文化，高校才能够促进廉洁文化的发展和创新，确保高校内部管理的廉洁和公平，为高校的长期发展奠定坚实的基础。

（二）高校廉洁精神文化建设：指导高校廉洁文化的传承和创新

传承是高校廉洁文化发展的基础。只有在传承中，高校廉洁文化才能保持其根本特征。传承要求高校廉洁文化的核心价值观一代代传递下去。然而，创新同样至关重要。高校廉洁文化必须适应不断变化的历史条件和具体环境。这需要运用科学的方法，不断更新高校廉洁文化的形式，丰富其内涵。只有不断创新，高校廉洁文化才能更好地适应时代的变化，更好地引导广大师生做到自我净化、自我约束、自我完善。高校廉洁文化的发展和创新是一项长期、复杂的任务，需要全校师生的共同努力。只有坚持传承廉洁文化的精神，同时积极探索创新的途径，高校廉洁文化才能在新时代焕发出更加强大的生命力，为培养更多德才兼备的优秀人才、为社会主义事业的繁荣发展贡献更多的力量。

高校廉洁精神文化为高校廉洁文化的建设提供了正确的指导和科学的方法论。高校廉洁精神文化是高校廉洁制度文化、高校廉洁行为文化和高校廉洁环境文化的灵魂。高校廉洁文化的创新是在坚持马克思主义方法论的指导下，汲取各种文化的精华，不断完善的过程。它要保持自身的本色，坚守社会主义先进文化的核心，但也要在形式和内容上不断突破自身的局限，实现自我飞跃和提升。在高校廉洁精神文化的引领下，高校廉洁制度文化将更加全面，高校廉洁行为文化将更加深入人心，高校廉洁环境文化将更加清新宜人。

第六章 弘扬正气：建设高校廉洁精神文化

第三节 高校廉洁精神文化建设的实践路径

一、加强思想道德教育，夯实思想基础

道德在人类社会中起着至关重要的作用，既是人们共同生活和行为的准则和规范，也是社会文明的标志之一。社会主义道德建设要坚持以为人民服务为核心，以集体主义为原则，以爱祖国、爱人民、爱劳动、爱科学、爱社会主义为基本要求，以社会公德、职业道德、家庭美德为着力点。这是社会发展和国家建设的重要支撑，也是高校教育中不可或缺的一部分。高校除了要传授知识，更重要的是塑造学生的品格和价值观。因此，加强思想道德教育是高校的一项重要任务。开展各种形式的道德教育活动，可以引导高校成员践行"爱国守法、明礼诚信、团结友善、勤俭自强、敬业奉献"的基本道德规范。

（一）加强社会主义核心价值体系教育

加强社会主义核心价值体系教育，是当前高校思想道德教育的重要任务。高校应当以社会主义核心价值体系为指导思想，深入推进思想道德教育工作。高校应通过组织有序、系统的理论学习，帮助广大管理干部、教师和学生更好地理解社会主义核心价值体系的内涵。在这个过程中，高校要充分发挥自身的优势，积极探索内化社会主义核心价值体系的方法和途径。这不仅有助于规范和约束大学生的行为，还有助于培养他们高尚的道德情操和健康的生活情趣。

（二）加强理想信念教育

理想信念承载着政治信仰、人生观、价值观，直接关系高校师生的思想境界和行为规范。高校师生应深刻认识社会主义核心价值体系的基本内涵和实践要求，并以此为指导，持之以恒地加强理想信念教育。

理想信念是政治信仰在奋斗目标上的具体体现。政治信仰是一个人对国家和社会制度的根本信仰，是引领其思想和行为的灵魂。高校应当引导师生深入理解中国特色社会主义，明确坚持党的基本理论、基本路线、基本纲领、基本经验的重要性。理想信念也是人生观的具体体现。人生观关乎个人价值追求和生活态度。高校师生应树立正确的人生观。高校要引导师生明确个人的人生追求，认识到自己的人生目标应与中国特色社会主义道路相一致，并为实现国家的伟大复兴而努力奋斗。理想信念还是价值观的具体体现。价值观关乎一个人的道德准则和行为规范。高校应加强德育，培养学生的社会责任感和公民意识，让他们明白坚守社会主义核心价值观的重要性。加强理想信念教育是高校的重要使命。通过深刻认识理想信念，高校师生可以形成共识，自觉同党的基本理论、基本路线、基本方略对标，为坚守理想信念、国家的繁荣富强不断努力。

（三）加强思想品德教育

对高校而言，加强思想品德教育是一项重要任务。思想品德教育包括诚信美德教育、社会公德教育、职业道德教育和家庭美德教育等方面。

1.加强诚信美德教育

"自古皆有死，民无信不立。"《论语》中的这句话深刻地揭示了诚信的重要性。诚实守信一直被看作"立身之本""举政之本""进德修业之本"。

第六章 弘扬正气：建设高校廉洁精神文化

在高校中，诚信是立身之本，指严守学术诚信，做到真实记录研究成果，不造假，不抄袭，以保障学术的公平和可信度。诚信是举政之本，指高校学生中的一些人将来可能进入政府机构或从事公共事务工作，诚实守信的品质将直接影响他们的政绩和声誉。因此，高校应当培养学生的诚信品质。诚信是进德修业之本，指只有具备了诚信的品质，才能与同事或同学建立起互信，在学术领域取得更大的成就。

2. 加强社会公德教育

社会公德作为公民在公共生活中需要遵守的行为准则，关乎个人与社会的和谐共处。高校作为培养专业人才的重要场所，更应重视社会公德教育。爱护公物和保护环境是社会公德的重要组成部分。高校应争当节约资源、保护环境的先锋，教导所有成员在日常生活中节约资源、保护和尊重环境。遵纪守法也是社会公德不可或缺的一部分。法律意识的培养和政治责任感的增强对高校成员来说至关重要，这不仅是个人品德的体现，也是对社会负责的标志。在高校廉洁精神文化建设中，培养公共意识尤为关键。高校成员应学会平衡个人利益与集体利益，了解社会主义荣辱观的内涵，并在生活中践行。积极参与社会活动，不仅能丰富个人的社会经验，还能在实践中提升品德修养，增强对社会和他人的责任感。高校应成为推动社会公德教育的重要阵地，并通过各种方法和途径，助力构建更加文明和谐的社会环境。

3. 加强职业道德教育

职业道德教育不仅是职业的行为准则，还是反映个人价值观的重要标志。高校应致力构建廉洁精神文化，引导成员树立正确的职业观。职业道德教育的内容需要涵盖爱岗敬业、诚实守信等核心要素，职业道德伦理、职业道德规范等具体内容。俗话说"人以德立，事以德兴"，由此可见品德的重要性。高校的职业道德教育应着重于引导高校师生及管理者了解并内化爱岗敬业、诚实守信、办事公道、服务群众、奉献社会的职业道德基本要求。职业道德不仅是对个人行为的规范，也是践行社会责任的体现。高校加强职业道德教育，能够增强学生的社会责任感和职业荣誉感，这对他们未来在社会中的发展至关重要。

4. 加强家庭美德教育

家庭美德是中华民族传统美德的重要组成部分，包括尊老爱幼、男女平等、夫妻和睦、勤俭持家、邻里团结等内容。这些都是高校成员在家庭中应当遵循的道德规范。高校廉洁精神文化建设与家庭美德教育的紧密结合，为廉洁精神在家庭中的弘扬提供了良好的土壤。家庭教育的早期性、亲情性、自然性和持续性，使其成为培育和弘扬廉洁精神的有效途径。通过丰富多彩的家庭文化建设活动，廉洁精神能够深入高校成员的家庭生活，进而影响他们的行为和思想。清正廉洁之风的弘扬，不仅是高校教育的目标，也是家庭文化建设的应然走向。家庭成员，特别是领导干部家庭成员廉洁意识的增强，能够筑起抵御腐败的有效防线。这不仅有助于推进健康、文明、和谐、清廉家风的形成，还有助于巩固社会稳定。

二、深化廉洁自律观念，倡导无私奉献精神

廉洁自律和无私奉献是塑造高校师生优良品格的重要途径，具体包括五个方面：对待钱物，不贪不占；对待权力，不谋私利；对待名利，保持淡泊；对待人际交往，奉行先人后己的原则；严格遵守纪律，确保令行禁止。在高校中，管理干部应将廉洁自律作为开展工作的基本原则，确保管理决策的公正性。教师应将廉洁自律作为从教的前提，通过自身

第六章 弘扬正气：建设高校廉洁精神文化

的言行对学生进行正面引导。学生应将廉洁自律作为学习和成长过程中的内在要求，确保树立正确的价值观。

廉洁自律不仅是对个人品质的要求，更是对社会负责的体现。高校应该在课程教学中强调廉洁自律的重要性，使之成为校园文化的一部分。廉洁意识的增强与正确的世界观、人生观、价值观的树立，不仅有助于个人品德素养的提升，还有助于抵御腐败诱惑。同时，无私奉献精神是高校廉洁精神文化建设的重要内容。高校需要通过各种形式的教育与活动，培养成员的社会责任感和奉献精神，促使他们平衡个人利益与社会利益，理解个人成长与社会发展的关系。高校廉洁精神文化建设，不仅是对高校成员品行的塑造，还是对社会主义核心价值观的传承与发扬。

（一）高校管理干部与教师的自觉精神追求

在廉洁自律成为高校成员共同的精神追求的过程中，高校管理干部和教师的作用至关重要。

高校管理干部和教师的廉洁意识、理念与行为，对学生价值观的塑造有着重要的影响。高校管理干部和教师若不能树立坚定的廉洁理念，无法严格约束自己的行为，面对诱惑摇摆不定，那么整个高校的廉洁精神文化建设很可能失去实质内容，变成"一纸空文"。因此，高校管理干部和教师应严格规范自己的行为，从而为广大学生树立道德标杆，促进廉洁精神文化建设的深入开展。廉洁精神文化需要触及高校的每一个角落，影响每一位成员，形成一种积极向上、清正廉洁的校园文化氛围。如此，高校廉洁精神文化建设才能扎根学生心中，涵养他们的品德。

（二）加大廉洁教育力度，促进廉洁精神深入人心

高校廉洁精神文化建设作为校园文化的核心组成部分，承担着塑造高校管理者及师生廉洁意识的重要职责。在当今时代背景下，廉洁精神

的价值日益凸显，成为高校不可或缺的精神财富。高校廉洁文化建设的核心，旨在深化管理者及师生对廉洁精神的理解和认识，使之内化为自觉的价值追求。因此，高校应深入挖掘和展示廉洁精神的时代内涵，使之与管理者及师生的日常生活和学习紧密结合。廉洁精神文化建设需要紧扣管理者及师生的心理特点和认知规律，运用多样化的教育方法，激发他们对廉洁文化的兴趣。同时，高校应注重教育方法的多样性和针对性，针对不同群体进行差异化教育，使廉洁教育更具吸引力和实效性。教育过程要注意循序渐进，重点突出，使管理者及师生在不断的学习和实践中，逐步树立廉洁为本的价值观。在这个过程中，正面的榜样宣传和反面的警示教育同等重要。通过学习廉洁从政、廉洁从教的典型事例，管理者及师生可以感受到廉洁的重要性和美好。反面例子的运用，能让管理者及师生深刻了解不廉的严重后果，从而从思想上建立起对不正之风的自觉抵制。

（三）提升党性修养，强化廉洁意识

提升党性修养和强化廉洁意识是每一名高校成员应深刻领会并努力践行的行为准则。艰苦奋斗和廉洁奉公不仅是党的优良传统和作风，更是保持党员先进性的基础。在这种文化的指引下，高校成员需要培养强烈的廉洁自律意识，正视名利、地位和权力，确保在日常工作中廉洁自律。高校成员应展现出在面对诱惑和消极影响时的勇气和决心，不断强化自我管理，有能力在诱惑面前保持坚定，耐得住寂寞，经得起各种生活和职业道德的考验。在实践中，每一名高校成员都应持续做到自重、自警、自省和自励，常怀警惕之心，常思贪欲的害处，自觉践行高标准的道德行为。高校成员需要在个人发展和职业生涯中不断提升自我，不断检视和调整自己的行为，以确保自身行为符合党性修养的要求。通过这种不懈的努力，高校成员可以在推动社会风气向好的转变中发挥关键

作用，成为社会和谐稳定的重要力量。

（四）强化奉献意识，弘扬无私奉献精神

在历史的长河中，"先天下之忧而忧，后天下之乐而乐"体现了一种超越个人利益，关注大众福祉的崇高精神。在高等教育领域，这种精神至关重要。在追求理想与面对现实的道路上，高校师生需要正确处理理想与现实、奉献与索取之间的关系。这意味着，在追求个人学术成就和个人发展的同时，也要考虑对社会、对他人的影响。将国家和集体的利益置于个人利益之上，是一种更高层次的自我实现。将为社会、为他人多做贡献作为自己的人生意义，不仅能够实现自我价值，还能够促进社会的和谐与进步。这对培养有责任感、有担当的现代公民，对推动社会的全面发展，具有不可估量的价值。

三、发挥典型的示范作用，倡导良好道德风尚

历史上，无数典型先进人物在各自的工作领域取得了卓越成就，成为人们学习的楷模，更重要的是，他们的道德品质和精神风貌感召着人们学习和效仿。例如，雷锋的奉献精神、焦裕禄的艰苦奋斗精神，也深深地影响着一代又一代人。树立并发挥典型的示范作用，在高校廉洁精神文化建设中尤为重要。这不仅是对高校成员进行道德教育的有效途径，更是培养他们廉洁价值观的关键。

在高校廉洁精神文化建设中，善于发现、宣传和树立典型，不仅是提升高校成员思想道德水平的有效途径，还影响高校成员价值观和人生目标的树立。这种影响是深刻且持久的，能够激励师生追求高尚的人生理想。为了发挥典型的示范作用，高校需要抓住有利时机，加强对全体师生的引导，及时开展多样化的教育活动。这些活动要直观地展示典型

的事迹，进而在高校成员心中种下向善向上的种子。在这个过程中，高校应确保所选典型能够真实反映时代精神和社会主义核心价值观，同时宣传方式要贴近成员生活，易于他们理解和接受。例如，为了更好地发挥典型的示范作用，高校应考虑不同群体、层次和年龄段的需求，确保所树立的典型既具有代表性，又易于大家学习和接近。对于学生群体，高校可以选取在学习、生活中表现出色的同学作为典型；对于教师，高校可以选取在教学和科研上有突出贡献的教授作为典型。除此之外，高校还需要加强宣传阵地的建设，利用多种媒介，如校报、广播站、校园网等进行广泛宣传。

　　高校教师不仅是知识的传授者，还是品德与道德的引领者。在日常的教学活动中，教师的每一个行为举止，都可能成为学生学习和模仿的模板。因此，教师需要不断提升自身的道德修养，以身作则，展现出高尚的道德情操和精神追求。在高校中营造廉洁的文化环境，对提升整个教育系统的廉洁教育质量至关重要。教师应成为这种文化建设的先锋，通过自己的行动影响和教导学生。例如，当教师展现出对学术的热爱、对工作的敬业和对学生的关怀时，这些品质和态度会潜移默化地传递给学生。教师的每一次课堂讲解、每一次与学生的交流，都是塑造学生道德观和价值观的机会。教师的一言一行，对学生的心智和品行发展具有重要影响。因此，加强师德师风建设，不断提升教师的思想政治素质和职业道德水平，对高校廉洁精神文化建设至关重要。

第七章　风清气正，守护育人净土：创设高校廉洁环境文化

第一节　高校廉洁环境文化理论初探

一、高校廉洁环境文化的相关概述

高校廉洁环境文化的核心在于通过各种形式和渠道，培育和弘扬廉洁自律的校园风尚，使师生树立起正确的价值观和行为准则。对当前高校廉洁环境文化建设的成就与不足的科学分析，可以明确未来努力的方向，进而营造出积极向上、风清气正的校园环境。

（一）高校廉洁环境文化的界定

1. 环境与高校校园环境

环境是指在一定时间和空间范围内，由各种自然因素和社会因素构成的综合体，且具有直接或间接影响人类生存和发展的能力。环境涵盖物质环境和精神环境两个方面，两个方面相互交织，对人类活动产生广泛的影响。一方面，环境对人的行为和思维具有普遍的制约作用。不同的环境条件引发人不同的心理反应和行为表现。例如，环境的噪声水平影响人的注意力和情绪，社会的竞争力影响人的焦虑水平。另一方面，人的活动会导致环境的改变。人类通过自身的劳动和生产活动，不断改造着物质环境。根据最新的数据，全球工业化和城市化进程导致的温室气体对气候系统产生了深远影响。此外，大规模的土地利用和森林砍伐也对生态系统造成了破坏。这些人类活动对自然环境的改变，反过来又对人类的生存和发展产生了重大影响，如气候变化对社会和经济稳定性构成威胁。

高校校园环境是以高校校园为空间范围，以社会文化、学校历史传统为背景，以高校全体成员为主体，以校园特色物质形式为外部表现，影响着高校全体成员活动及发展的一种环境。高校校园环境的最大特点就是在给人以直接、形象、生动的视觉感受的同时，承载育人的功能。一切事物的生存和发展都是以外部环境为条件的，学校教育也是如此。环境的客观性确定了其对个体产生影响的普遍性和必然性，环境的可控性亦为教育者提供了主动塑造和改善环境的可能，特别是对正处在心理和思想急剧变化期的青年学生而言，校园环境的影响尤为显著。在高校中，文化、精神和物理环境都是影响学生成长的关键因素。文化环境通过校园文化活动、学术氛围等对学生产生深远影响，培育学生的批判性思维和创新能力。精神环境通过价值观、道德教育等对学生的品格和心理产生作用。物理环境通过校园规划、设施完善程度等直接影响学生的学习和生活质量。校园环境不仅是物理空间的区划，更是文化、精神的集中体现。通过对环境的有意识构建，高校能够更好地服务于教育目标，塑造出有利于学生全面发展的氛围。此外，高校环境在可控性、单纯性和稳定性方面具有独特优势。与复杂多变的社会环境相比，学校环境相对封闭和稳定，这为学生提供了一个稳定且有序的学习环境。在这样的环境中，高校可以更有效地实施教育政策，更精确地调节和优化教育资源，以满足学生的成长需要。

2. 高校校园环境文化与高校廉洁环境文化

高校校园环境文化作为精神文化的具体形态，构建了一种特殊的文化氛围。这种文化氛围对高校成员的思想观念、行为习惯、知识和能力的获取均影响深远。在校园中，无论是建筑风格、园林布局，还是文化氛围的营造，都反映了学校的教育理念和文化追求。这些环境因素在美化校园的同时，成为传递和弘扬学校精神的重要媒介。

高校廉洁环境文化作为校园环境文化的重要组成部分，通过融合廉洁精神文化要素于校园景观、文化传播设施及生活设施等，构成了一种物化的文化形态。这种文化形态不仅是高校廉洁文化的外部表现，还是高校廉洁精神文化与行为文化生存与发展的基础。高校廉洁环境文化的存在，传递了廉洁精神，营造了一种特殊的廉洁文化氛围。该文化氛围既影响高校成员价值观的树立，也对高校成员的行为准则产生影响。因此，高校廉洁环境文化的建设与维护，对提升高校成员的道德水平与文化素质，具有不可忽视的作用。

高校廉洁环境文化对高校成员的影响主要体现在感染与激励两个方面。感染主要体现为高校廉洁环境文化不依赖严格的规定或强制措施，而是通过廉洁理念的深入渗透，营造一种文化氛围。这种氛围不仅涵盖工作、学习、生活各个方面，还通过无形的影响，潜移默化地塑造大学生的价值观。激励则体现为高品质、特色鲜明的高校廉洁环境文化反映了高校的廉洁文化传统、思想和精神，不仅为高校全体成员树立了良好的廉洁信念，还激发了高校成员向上奋进的热情。由此可见，高校廉洁环境文化的建设对提升高校全体成员的精神风貌、个人品质具有不可忽视的作用。

（二）高校廉洁环境文化的基本构成

高校廉洁环境文化是构建和谐校园的关键因素，其内容主要分为两大部分：物质形态的"硬环境"与意识形态的"软环境"。硬环境主要指的是校园内具体的物理空间和设施。软环境则注重思想文化层面，包括价值观、道德规范、行为准则等，这些是培养高校成员廉洁意识的重要因素。

1. 高校廉洁硬环境

（1）高校基础文化设施。高校廉洁环境文化的构建，离不开坚实的基础文化设施。作为高校廉洁环境文化硬环境的重要组成部分，基础文化设施涵盖教职工培训中心、大学生活动中心、图书馆、体育馆及教工之家等。这些设施不仅服务于教学和科研，还是学习、生活和进行文体活动的重要场所。这些设施为高校成员提供了开展文化活动的空间，有助于促进高校廉洁文化的深入发展。例如，教职工培训中心可以举办廉洁教育培训，增强教职工的廉洁意识；大学生活动中心可以成为学生探讨和实践廉洁文化的平台；图书馆、体育馆等则可以通过提供丰富的知识资源和健康的身体锻炼方式，为培养全面发展的高校人才创造条件。

（2）高校传媒设施。校报、校园网、校园广播站，以及宣传橱窗、展板、电子显示屏等，均为宣传廉洁文化理念及相关活动的有效载体。这些传媒设施不仅是信息传播的媒介，更是形成校园文化的重要组成部分。这些媒介，可以有效地展示勤廉兼优的典型事迹，为学生树立学习的榜样；还可以迅速、广泛地将廉洁文化的相关内容推广至校园的每一个角落，助力构建崇廉尚洁、和谐向上的校园氛围。这种氛围对培育大学生的良好品质、提升教师的职业道德及管理者的行政效率具有积极的促进作用。

（3）校园廉洁文化景观。校园廉洁文化景观通过物质载体的形式，向高校成员传达廉洁理念。这些物质载体包括但不限于廉洁文化广场、标志性建筑、雕塑、文化墙等，甚至涵盖树木、草坪与园林等自然景观。这些景观不单是装饰，更是校园文化的具象化，是廉洁教育的无声传播者。通过对这些景观进行设计与布局，高校能有效地将廉洁文化融入日常生活，形成无形的教育和引导。例如，一个以廉洁为主题的文化广场，不仅提供了休闲娱乐的空间，更提醒高校成员时刻保持诚信与正直。标志性建筑和雕塑等则是校园廉洁文化的象征，激励着每一位校园成员追

第七章　风清气正，守护育人净土：创设高校廉洁环境文化

求高尚的道德品质。

2. 高校廉洁软环境

高校廉洁软环境依托廉洁文化教育的全面深化，涵盖内容丰富、形式多样的教育活动。廉洁软环境的核心在于通过教育和宣传，形成激励高校成员廉洁从业的浓厚舆论氛围。这种氛围对校园内的育人环境和学术环境具有积极影响，能够促使大学生树立正确的价值观、教职工树立正确的职业道德观。例如，在校报刊登廉洁人物事迹，旨在激发高校成员自我反思和道德追求，提升他们廉洁从业的自觉性。

（三）高校廉洁环境文化的特征

高校廉洁环境文化作为廉洁理念与环境文化融合的产物，具有独特性。该文化深植于校园文化之中，深刻影响着学生、教师及管理者等群体。高校廉洁环境文化的显著特征在于通过制度建设、道德教育等途径，营造风清气正的校园氛围，促进学术诚信和管理透明。

1. 寓教于形：高校廉洁环境文化的实体性

高校廉洁环境文化作为一种物化的文化表现形式，通过空间的占据与位置的稳定性，展现其独特的空间性特征。在校园文化景观中融入廉洁理念，实现"景是廉之体，廉是景之魂"的完美融合，是高校廉洁环境文化建设的核心。高校廉洁环境文化的内涵丰富、影响深远，具有持久的形象性和显著的个性特征。这种文化的视觉冲击力强烈，容易吸引学生、教师等群体的注意。高校廉洁环境文化形式多样，既可以是校园内具有象征意义的建筑物，也可以是校园文化活动中体现的廉洁教育元素。

2. 寓教于行：高校廉洁环境文化的实践性

环境文化作为一种实践性文化，源于实践，又服务于实践，体现了人类追求自身发展与自然发展协调统一的理念。高校廉洁环境文化同样是实践性产物。在高校中，廉洁环境文化的实践性体现在蕴含廉洁文化的景观上。这种文化景观的设计和布置，反映了高校对廉洁环境文化的重视。师生在校园中能时刻感受到这种文化氛围，从而在无形中接受廉洁文化的熏陶。廉洁环境文化的实践性，使得高校成员在日常工作中，通过直接或间接的参与和体验，逐渐形成廉洁的行为习惯和思维方式。廉洁环境文化的培育和实践，对提升高校整体的文化素质，构建和谐、健康、积极向上的校园环境具有重要意义。

3. 寓教于艺：高校廉洁环境文化的审美性

高校廉洁环境文化作为创新文化的产物和艺术的结晶，展现了独特的审美特征。该文化通过其充满设计感的载体，如结构完整、层次分明、图案精美的校园景观，在有效地传达廉洁文化内涵的同时使高校成员感受美，如自然美、艺术美、形式美、科技美、寓意美和逻辑美等。高校廉洁环境文化不仅是一种审美文化的体现，还是一种教育与艺术相结合的实践。高校廉洁环境文化通过校园内的物理环境和文化元素，为高校成员等提供了一个既能接受廉洁教育，又能享受美的环境。这种环境文化对塑造高校成员的价值观、审美观和道德观具有重要意义。

二、高校廉洁环境文化与高校廉洁文化的关系

高校廉洁环境文化作为高校廉洁文化的一个重要组成部分，承担着推动廉洁文化发展的重要职责。它不仅是高校成员对廉洁文化发展规律探索与实践的成果，更是廉洁教育的物质载体，以其独特的方式影响着

第七章　风清气正，守护育人净土：创设高校廉洁环境文化

师生的价值观和行为模式。高校廉洁环境文化的独特地位和作用，体现在其对高校廉洁文化建设的促进和引领上。

（一）高校廉洁环境文化是高校廉洁文化体系的关键构成

高校廉洁环境文化是高校对廉洁文化的认同及对社会整体评价的体现。高校廉洁环境文化的构建，不仅体现在对学术不端行为的防范与严惩上，还体现在通过校园文化活动、教育课程及环境塑造提升师生的廉洁意识和道德素养上。校园环境在塑造廉洁文化中起到了至关重要的作用。通过整合教育资源、创新教育形式，高校可以有效地将校园环境作为廉政教育的载体。例如，组织廉政主题讲座、案例研讨会，以正反典型为例进行教育，能够有效提升学生的道德修养。廉洁环境文化对高校廉洁文化的形成与发展具有深远影响。廉洁环境文化在指导高校师生的思想道德建设和行为准则中发挥重要作用，体现在提供育人环境和实践平台、促进廉洁价值观的内化与实践上。廉洁环境文化的构建与维护，需要高校管理者、教师和学生的共同努力。其中，高校管理者廉洁从政文化的构建，是高校廉洁环境文化建设的重要一环，直接关系高校整体治理水平与公信力的提升。教师廉洁从教文化的培育，对学生的价值观形成与人格养成具有潜移默化的影响。而学生廉洁从学文化的推广，是高校廉洁文化传承与发展的关键。

（二）高校廉洁文化为高校廉洁环境文化建设提供思想引领、人才储备及制度保障

高校廉洁文化为高校廉洁环境文化建设提供了思想指导。廉洁文化通过培养具有高道德标准的人才，为高校廉洁环境文化建设提供必要的人力支持。在制度层面，高校廉洁文化的强化为创建严格的规章制度奠定了基础。这些规章制度不仅涉及教职工和学生的行为标准，还明确了

对违规行为的处罚措施,从而形成一种自我监督和相互监督的良好氛围。通过这种方式,高校能够营造一个健康的学术环境。既强化高校廉洁文化又助力于培养学生的社会责任感、塑造正直品格,使他们成为能积极贡献社会的公民。在廉洁文化的引导下,高校不断完善其内部管理体系,使其更加标准和规范。此举既有助于提高管理效率,还有助于提升校园内部的信任度,不断推动高校在教育质量和社会形象上取得新突破,为社会树立模范的道德标杆。

(三)高校廉洁环境文化建设有助于促进高校廉洁文化发展

作为高校廉洁文化的重要组成部分,高校廉洁环境文化对学校的廉洁文化形象和氛围具有直接展现作用。校园内的廉洁文化建设,能够有效地对师生进行潜移默化的影响,培养其廉洁意识,塑造其廉洁品行。因此,高校可通过将思想品德、价值观、廉洁自律等内容融入校园景观或其他建筑、设施,宣传廉洁文化的内涵。例如,建立校园廉洁文化广场,开设师生廉政作品专栏和宣传橱窗,悬挂宣传画,都是有效的手段。

高校廉洁环境文化建设为廉洁精神文化、制度文化和行为文化提供了坚实的基础和有利条件。高校廉洁环境文化展示媒介不仅包括校园的物理空间,如建筑、雕塑等,还包括无形的氛围,如校风、学风,这些都对高校成员的日常行为产生深远影响。通过创造一个清晰、有序且透明的校园环境,高校能够有效推动廉洁精神文化的内化与普及。同时,高校廉洁环境文化通过协调资源的合理配置和加强严格管理,为廉洁制度文化的落实提供支持,如财务管理、资产使用和研究资金的透明规范,这些措施旨在消除腐败的滋生土壤,确保每一项资源的使用都符合规定,可被追踪和监督。高校廉洁环境文化还影响行为文化,如廉洁环境有助于激励教职员工和学生遵守道德规范,坚持正直的行为。清晰的行为指导和规范的存在,使得每一个高校成员都明白在校园内外应如何行事,

第七章　风清气正，守护育人净土：创设高校廉洁环境文化

从而减少不当行为的发生。

三、高校廉洁环境文化建设取得的成效

我国高校廉洁环境文化建设成效的显著提升，得益于国家教育管理部门与高校的重视。在资源投入方面，无论是精力、人力还是物力，均较过去有显著增加。投入的增加，为高校廉洁环境文化建设创造了更大的发展机遇。

（一）高校环境文化建设成果

高校环境文化建设是高校教学、科研和管理的重要组成部分，近年来受到越来越多的重视。这一建设的重要性体现在两个方面。一方面，各高校增加了对环境文化建设的人力、财力和物力投入。具体来说，这些投入主要用于校园的历史景观保护、文化景观建设、校园绿化、建筑规划设计以及校园网络建设等。另一方面，一些学校将环境文化建设置于与教学、科研同等重要的位置，形成了领导重视、师生参与、齐抓共管的工作格局。这种格局的形成，为廉洁环境文化建设奠定了坚实的组织基础。

例如，吉林大学建立的廉政研究院，不仅面向全体教职工开展"吉林大学党风廉政建设工作论坛"，还进行了廉政研究课题立项工作，出版了《清·晏》一书。吉林大学在廉政理论研究方面取得了显著成就，同时促进了理论与实践的结合，以及学习与实际应用的统一。又如，湖南铁道职业技术学院在云龙校区建设的"清廉湖铁广场"，显著促进了该校环境文化建设，为廉洁环境文化提供了物质媒介。该广场是学校党风廉政建设的重要成果，展现了高校在廉洁文化建设方面的创新与实践。再如，浙江农林大学环境文化建设成果显著。该校推行"一院一品"清廉品牌建设策略，其中现代农学院和食品与健康学院分别形成了鲜明特

色产业。现代农学院依托学科专业优势，创建了"1234"特色农耕、绿色防控清廉文化品牌。该品牌以"一朵花，两块薯，三滴油，四粒米"为主要内容，旨在将清廉文化融入具体的农作物。食品与健康学院则聚焦中医文化中的清廉元素，创建了"清廉药园"。该药园种植中草药逾400种，通过赋予八角莲、金银花、刺黄连等中药材以清廉寓意，并授予它们"清廉使者"的称号，展现其独特的"廉正味"。通过这一系列创新举措，药园不仅成为中草药种植与研究的场所，更转化为师生接受廉政教育和清廉文化宣教的新阵地。

（二）高校基础文化设施的改善，丰富了高校廉洁环境文化的载体

高校基础文化设施的改善，为廉洁环境文化建设奠定了坚实的物质基础。通过有形的文化载体，高校廉洁环境文化得以在学生中广泛传播，有效地促进了学生廉洁理念的形成和廉洁意识的增强。近年来，随着校园文化建设的加强，众多高校的文化基础设施得到显著的改善。新建或扩建的体育场馆、广播室、学生活动中心、图书馆及宣传橱窗等，不仅改善了学生的学习和生活环境，还为廉洁环境文化的传播提供了更为广阔和有效的平台。这些设施的改善，不单是物质层面的提升，更是文化层面的丰富。体育场馆等场所不仅为学生提供了锻炼身体的场所，还为学生提供了培养团队精神和公平竞争观念的重要场所。广播室和学生活动中心成为学生自我表达和文化交流的中心，有效地促进了学生之间的沟通与理解，增强了学生的集体荣誉感和社会责任感。图书馆不仅为学生提供了丰富的学术资源，其也成为学生自主学习和研究的重要场所。通过这些设施的改善，学生能更加深入地理解廉洁文化，从而在日常生活中自觉践行廉洁理念。此外，校园中的人文景观也在无形中影响着学生的价值观。例如，校园内的雕塑、壁画和标语等，不仅美化了校园环

第七章 风清气正，守护育人净土：创设高校廉洁环境文化

境，更成为廉洁文化传播的重要媒介，于多个方面影响学生。

例如，浙江财经大学东南角的学涯湖畔，有一座高 2.7 米的汉白玉制成的清廉雕塑，雕塑屏风使用青石，双面镜则用汉白玉，寓意"一清二白"。这种设计不仅美观，更富有深厚的文化内涵。雕塑一面刻有宋代蔡襄的诗句"藏书千百帙，传世唯清廉"及荷花图案，另一面刻有元代王冕的诗句"我家洗砚池边树，朵朵梅花淡墨痕。不要人夸好颜色，只留清气满乾坤"，以及梅花图案。这些诗句和图案的结合，展现了中国古代文人的高尚情操，同时向高校成员传递了清廉的价值理念，对培养学生的道德品质和文化素养具有重要意义。

又如，江苏大学图书馆党委积极开展廉政教育活动，旨在筑牢全体党员的思想道德防线，提高他们的党性修养，以防腐败现象发生。具体措施包括精选并推荐了数十本廉政文化电子图书。这些图书涵盖理论、历史、时政、道德、法律法规等多个领域，旨在传递廉洁文化，弘扬正直与清廉的价值观。此外，为了更好地利用图书馆的公共空间并建立常态化的廉政教育机制，江苏大学图书馆党委在图书馆内展示了廉政格言、警句以及家风家训等内容，以时刻提醒党员干部保持警觉，营造一种以廉洁为荣、以贪污为耻的文化氛围，为高校廉洁环境文化提供有力支撑。

第二节 高校廉洁环境文化：高校廉洁文化建设载体

一、高校廉洁文化在高校廉洁环境文化建设中得以鲜明彰显

高校廉洁环境文化建设对培养和增强高校成员的廉洁意识具有不可忽视的作用。高校廉洁文化的四个层次要素（廉洁精神文化、廉洁制度文化、廉洁行为文化、廉洁环境文化），相互关联、相互影响，共同构建了一个完整的廉洁文化体系。其中，廉洁精神文化是高校廉洁文化的思想核心，为高校廉洁文化的构建提供了理论指导和精神动力。廉洁制度文化是高校廉洁文化的规范层面，为高校成员的行为设定了清晰的界限和规范，确保了廉洁文化的实际落地和执行。廉洁行为文化作为廉洁精神文化与廉洁制度文化的实践延伸，直接反映了高校成员的实际行为模式，是高校制度有效性的直接体现。廉洁环境文化则是高校廉洁文化的物质基础和外在表现，为廉洁精神文化和廉洁制度文化的深入人心和有效实施提供了必要条件。通过营造廉洁环境，高校可以有效促进廉洁文化深入人心，形成一种积极向上、廉洁自律的校园文化氛围。

（一）高校廉洁环境文化建设：高校廉洁精神文化的直接体现

高校廉洁环境文化建设是高校廉洁精神文化的直接体现，承担着廉洁精神文化的传播和实践任务。在高校中，廉洁精神文化起着引导、感召和影响人的重要作用，且这种作用是通过具体可见的载体来实现的。这些载体包括廉洁历史文化名人雕像、廉洁文化墙、廉洁文化主题展馆

第七章　风清气正，守护育人净土：创设高校廉洁环境文化

等。这些载体不仅丰富了高校的文化景观，还加强了廉洁文化的传播效果。通过这些形象生动、具有教育意义的廉洁文化载体，高校能够在更广泛的范围内、以更多样化的形式传达廉洁文化的核心理念。廉洁环境文化建设，不局限于物质形态的创造，还涉及对高校成员的价值观和行为准则的塑造。廉洁环境文化建设为高校廉洁精神文化提供了一个具体、生动的表达平台，使高校成员能够在日常生活中时刻感受到廉洁文化的存在和影响。这种文化的持续渗透，对增强高校成员的廉洁意识、促进高校文化建设具有重大意义。

（二）高校廉洁环境文化建设：高校廉洁制度文化的直接体现

高校廉洁环境文化建设是高校廉洁制度文化的直接体现，更是廉洁制度文化得以深入人心的关键载体。高校廉洁环境文化通过具体、可见的形式，展现廉洁文化的内涵，使之成为高校师生日常生活、工作的一部分。高校廉洁制度文化对廉洁环境文化具有明显的指导和规划作用。廉洁制度文化通过明确的规章制度，为廉洁环境文化建设指明方向，确保其建设目标、任务、实施步骤与高校廉洁文化的整体目标和定位相契合。这种制度上的明确，为高校廉洁文化的深入实施奠定坚实基础。同时，高校廉洁环境文化对廉洁制度文化的落地起到积极的推动作用。高校廉洁环境文化通过创造具体的、有利于廉洁行为发展的环境，为高校廉洁制度文化的实施提供有力的支持。这种非物质与物质的结合，使得廉洁文化在高校中生根发芽，深入人心。

二、高校廉洁环境文化建设是培育高校成员廉洁意识的重要载体

廉洁环境文化建设对高校成员形成正直无私、公平公正的价值观至

关重要。通过营造良好的廉洁文化氛围，高校能够有效引导成员树立正确的道德观念，增强廉洁自律意识。

（一）以廉洁环境文化为媒介，增强廉洁意识教育实效

廉洁教育的有效性在很大程度上取决于其载体的创新性与实用性。高校廉洁文化建设的成功在于创新教育载体，准确找到着力点，并有效拓展廉洁文化的发展空间。廉洁环境文化作为一种教育载体，具有显著的优势。它通过形象、生动的方式，将廉洁教育内容直观展现给高校成员。这种方式既使得教育内容更加生动、直观，又易于激发高校成员的学习兴趣和积极性。在廉洁环境文化建设中，高校应注重廉洁文化的内涵和外延，结合高校的具体实际，发挥廉洁文化的独特作用。廉洁环境文化不仅涉及校园内的廉洁标语、廉洁教育活动等，还涉及校园日常管理、师生互动等方面，旨在形成一种全方位、多层次的廉洁文化氛围，潜移默化地增强廉洁意识教育的实效性。

（二）高校廉洁环境文化是廉洁意识培育的环境基础

在高校廉洁环境文化建设的过程中，物质环境提供了必要的外部条件，文化环境则是内在的精神引导。高校作为知识与道德教育的重要阵地，应通过实际行动和制度建设，营造一个正直、公正的学术环境。

高校廉洁环境文化通过其独特的构成要素，为高校成员的廉洁意识培育提供了必要条件。第一，高校的教职工培训中心、大学生活动中心、图书馆以及教工之家等基础文化设施的创建，丰富了教职员工及学生的精神文化生活，同时它们也是宣传廉洁理念、进行廉洁从业教育的重要平台。这些设施在高校廉洁环境文化建设中占据基础性地位，是培育廉洁意识的关键阵地。在这种环境文化中，廉洁教育的实施并非孤立发生，而是与高校教职工及学生的日常生活和学习活动紧密相连。将廉洁教育

第七章 风清气正,守护育人净土:创设高校廉洁环境文化

融入教职工及学生日常活动,可以更加深刻地影响他们的价值观和行为模式。例如,图书馆中的相关书籍和资料可以为廉洁教育提供理论支撑;教职工培训中心可以通过组织廉洁文化相关的讲座和研讨会,增强教职工的廉洁意识;大学生活动中心、教工之家等作为高校社区的一部分,提供了一个实际操作和体验廉洁文化的平台。在这些地方,不仅可以举办与廉洁相关的活动,如廉洁主题的辩论赛、讲座和展览,还可以在这里通过日常的互动和交流,促进高校成员对廉洁文化的理解和接受。第二,廉洁文化广场、廉洁主题公园、雕塑、文化墙以及廉洁作品专栏等,不仅是校园景观的组成部分,还承载着丰富的廉洁教育意义。例如,廉洁主题雕塑和文化墙通常融入了廉洁人物的形象及名言,这些形象和名言在视觉和文化上对高校成员产生影响,从而潜移默化地增强他们的廉洁自律意识。宣传画、警示教育牌和宣传标语等,也是高校廉洁环境文化的重要组成部分。这些元素不仅在视觉上吸引高校成员的注意,还在心理层面引发高校成员的思考和自我反省,从而有效地促进廉洁文化的内化。第三,在高校中,校园广播站、校报、校园网、工作简报等多种媒介载体,形成了一个全方位、多层次的传播体系。该体系不仅加强了廉洁理念的普及,还为高校成员提供了丰富的教育资源和学习机会,营造了廉洁文化氛围。这种氛围创建,使得高校成员更容易将廉洁文化内化为个人的价值观和行为准则。这种内化对增强高校师生的廉洁意识具有深远影响。

三、高校廉洁环境文化建设是构建生态文明校园的重要支撑

在现代教育体系中,高校作为人才培养的重要基地,其廉洁环境文化建设直接影响学生的思想品质和专业素养。廉洁环境文化不仅包括道德教育和行为规范,还包括对生态文明的认知与实践。这对培养具备社

会责任感和生态意识的高素质人才至关重要。

（一）高校廉洁环境文化建设助力高校生态文明校园的构建

高校廉洁环境文化建设的关键在于廉洁理念与环境文化的有机融合。此举旨在校园环境中注入廉洁文化内涵，为廉洁文化的传播与扎根提供有利条件。廉洁环境文化的推广，可使校园氛围充满廉洁文化的气息，进而引导大学生成为廉洁文化的支持者、倡导者和实践者。这个过程是高校文化建设的必然要求，也是生态文明校园构建的重要组成部分。

1. 加强高校廉洁环境文化建设：构建生态文明校园的核心要素

生态文明校园的构建，依赖两个主要条件：一是高校管理者的高度重视与积极推动；二是师生员工的广泛参与。廉洁之风的弘扬及腐败现象的有效遏制，为这两个条件的落实奠定了坚实基础。

高校管理者在生态文明校园建设中扮演着主导性角色，其对廉洁环境文化建设的重视，有利于为校园管理的各个方面和环节提供有力的领导保障。此外，高校管理者廉洁从政不仅反映了其个人素质和水平，更是为师生员工树立良好榜样的重要方式。通过展现"权为民所用，情为民所系，利为民所谋"的理念，高校管理者能够有效引导师生员工投身于生态文明校园的构建。师生员工作为校园文化建设的主体，其参与同样不可或缺。师生员工的参与不仅体现在日常的环保活动中，也体现在对校园决策的监督和建议上。师生员工的广泛参与，能够确保校园文化建设更贴近实际需求，更反映时代特征和学校特色。相反，若高校在廉洁环境文化建设上存在不足，可能导致管理干部的不廉洁从政，进而导致师生员工感到失望、不满，甚至产生抵制情绪，这对校园文化的正向发展构成阻碍。由此可见，高校廉洁环境文化建设不仅有助于营造一个风清气正、和谐向上的校园环境，还有助于提升管理者的素质和水平，

第七章　风清气正，守护育人净土：创设高校廉洁环境文化

激发广大师生的积极性，进而共同构建体现时代特征和学校特色的生态文明校园。

2. 加强高校廉洁环境文化建设，促进生态文明校园的多元内涵发展

构建生态文明校园是当代高校发展的重要方向，其核心在于校园环境文化的整体升级。这要求校园不仅是物理空间的集合，更是一个生态系统，融合自然系统和人类生态系统。按照生态学的基本观点，加强高校廉洁环境文化建设，是促进生态文明校园多元内涵发展的关键。构建生态文明校园，首要的是遵循人与自然、人与社会、人与人之间协调发展的生态学理念。这意味着，校园建筑和景观设计需要与周围环境和谐统一，既展示创意与美感，又塑造高雅的校园环境。在这个过程中，高校应特别重视廉洁环境文化建设，将廉洁文化的内涵融入校园建筑、绿化、人文景观中。例如，悬挂廉洁条幅字画、设置廉洁自律名言警句警示牌、种植象征高风亮节的苍松翠柏等，都能有效丰富校园的生态文明内涵，促进生态文明校园建设的深入，将学校打造成为培养师生廉洁意识的乐园、家园和学园。因此，加强廉洁环境文化建设，既可以提升师生的精神风貌，又可以展现他们的廉洁、高尚、先进和文明的优秀品质。

（二）高校廉洁环境文化建设助力高校和谐校园建设

秩序是廉洁文化的发展目标，与构建安定有序的和谐校园目标一致。高校作为培养社会主义事业建设者的重要场所，其文化对学生的思想和行为有着深刻影响。因此，高校廉洁环境文化建设是校园范围内的事务，更是社会和谐的重要组成部分。在这个背景下，廉洁环境文化的建设被赋予了更深刻的意义。

高校廉洁环境文化建设有助于形成正直、诚信的校园氛围，进而促进和谐校园的构建。通过加强廉洁教育，增强师生的廉洁自律意识，可

以有效预防和减少学术不端行为,确保学术研究的纯洁性和科学性。廉洁环境文化建设也有助于加强校园内的规范管理。在一个风清气正的环境中,学生能够在遵守社会公德和学术规范的基础上,培养良好的自我管理能力和社会责任感。廉洁环境文化建设还有助于促进校园秩序规范、有序,为学生提供一个安全、有序的学习和生活环境。

四、高校廉洁环境文化建设是打造清廉从业的校园氛围的重要条件

廉洁文化氛围的形成,不仅是对有形的高校环境的直接体现,更是对高校成员廉洁观念的无形塑造。在廉洁文化氛围中,高校成员能够直观地感受到廉洁文化的重要性,从而对廉洁行为产生认同,进一步增强廉洁意识,进而在日常工作和学习中坚持廉洁从业。

(一)高校廉洁环境文化的隐性教育功能

高校廉洁环境文化能够通过间接方式对高校成员的性情陶冶、品行磨炼、情趣培养和潜能激发等产生深远影响。高校廉洁环境文化的作用机制是隐性的,它不通过直接教育或强制性规定来实现,而是通过创造一个浸润式的学习和生活环境,让高校成员在不知不觉中接受廉洁价值观的熏陶。这种文化氛围的塑造,对提升高校成员的道德水准,引导他们自觉遵守社会和职业道德规范,具有不可或缺的作用。

高校廉洁环境文化对高校成员的影响细微且深远,对他们的品格形成和行为规范产生着潜在的引导作用,引导他们形成正确的行为准则和价值观。高校廉洁环境文化的教育方式更加贴近日常生活,更易于被高校成员接受和内化,形成良好的道德品质和社会责任感。

"近朱者赤,近墨者黑""蓬生麻中,不扶而直"说明环境对人的影

第七章　风清气正，守护育人净土：创设高校廉洁环境文化

响至关重要。在高校中，无论是建筑、雕塑，还是植被布局，无不蕴含着深厚的廉洁文化内涵，对每个成员进行着无声的教育。例如，海瑞、包拯、焦裕禄等雕塑，不仅是艺术品，更是廉洁教育的载体。这些雕塑激励高校管理者及党政干部学习他们勤勤恳恳、兢兢业业的工作态度，牢记为人民服务的宗旨，怀纳浩然正气。校园中的自然景观，如荷花、松柏、翠竹等，象征着"一尘不染，两袖清风，堂堂正正做人，清清白白做事"的高贵品质，对每个成员产生潜移默化的影响。廉洁主题文化墙则通过生动鲜活的内容，向大学生展示"风清气正，和谐向上"的校园风貌。这些文化元素共同构建了廉洁的育人环境，影响着每一名校园成员的思想和行为。

（二）廉洁环境文化建设为激励管理者廉洁从政奠定坚实基础

高校管理干部作为教育工作的核心力量，承担着塑造和传承廉洁文化的重任。他们的思想境界和行为模式，直接影响着高校的和谐稳定以及人才培养质量。因此，培育和增强高校管理者的廉洁从政意识，是高校廉洁文化建设的关键，也是提高教育质量的必然要求。高校管理干部应树立正确的理想信念，将服务师生的宗旨内化于心，外化于行。这种服务意识的培育，能有效促进管理干部在实际工作中自律自省，确保其行为准则与高校的整体利益相一致。高校管理干部也应秉持公正无私的原则，通过公开透明的决策过程，增强师生对管理层的信任，进而提升管理效能和师生的满意度。高校管理干部还应践行克勤克俭、求真务实的工作作风，将理论知识与实际工作相结合，不断提升自身的专业素养和工作能力。这不仅能提高工作效率，还能为师生树立榜样，营造出积极向上的学习和工作氛围。

廉洁环境文化在高校党政管理中的作用，体现在其对管理者思想和

行为的深刻影响上。廉洁环境文化通过营造一种崇尚廉洁、反对腐败的氛围，成为校园文化的重要组成部分。文化的力量不在于直接的规章制度约束，而是通过潜移默化的方式，影响管理者的内在思想和行为。内化廉洁环境文化，不仅是一种外在的要求，更是一种内在的自我约束和自我提升的动力。管理者在这种文化的熏陶下，会自觉地修身养性，时刻警醒自己远离贪欲，维护个人和集体的荣誉。此外，廉洁环境文化还具有一定的持续、渗透性的教育作用。它不是一蹴而就的，而是需要长期、不断地培养和强化。在这种背景下，高校管理者的思想和行为将逐步得到提升和改善，廉洁意识和行为会变得更加明确。

（三）廉洁环境文化建设为激励教师廉洁从教营造浓厚氛围

高校教师肩负着培养人才、进行科学研究和提供社会服务的重要职责。教师的思想政治素质和师德水平，对高校的发展、教育教学水平的提升，以及学生的健康成长具有直接影响。在当前社会背景下，个别教师可能会受到不良风气的影响，但绝大多数教师依然坚守职业操守，致力教书育人，展现了高尚的师德。为了进一步强化这种正面影响，高校需要营造一个廉洁自律的教育环境。这样的环境不仅能够鼓励教师更好地履行他们的教育职责，将更多的精力投入教学和科研工作中，从而提升教学质量和学术水平，还能够为学生树立良好的榜样。

高校教师廉洁从教不单是个人品德的展现，更是对学生进行廉洁教育的基石。教师的言传身教，对学生的思想、品行和人生观有着潜移默化的影响。廉洁从教不仅关乎教学，还关乎教师的道德修养和人格魅力。高校廉洁环境文化建设，为教师提供了一个良好的从教环境。在这样的环境中，教师将自觉遵守教育法规，严谨治学，用自己的实际行动去影响和引导学生。这样的教师，会自然而然地成为学生学习的榜样和人生的楷模。教师不仅是知识的传播者，更是价值观的塑造者。他们淡泊名

第七章　风清气正，守护育人净土：创设高校廉洁环境文化

利的态度、廉洁自律的行为和甘为人梯的精神，传递着高尚的人生观和正确的价值取向。这些都对学生的全面发展和未来的社会角色扮演有着积极影响。因此，高校廉洁环境文化建设是对教师的一种激励，旨在使他们充分认识到自己的责任和使命，从而为学生树立榜样。

（四）廉洁环境文化建设为激励学生廉洁从学提供强大助力

高校营造廉洁从学的文化氛围，不仅能够帮助学生树立正确的价值观，还能够促使他们形成明理诚信、正直节俭的品质。廉洁从学不应局限于课堂内部，还应融入日常生活的方方面面。如此，学生能够在实际生活中不断践行这些价值观，逐渐成为具有社会责任感和高尚道德的人。

高校廉洁环境文化建设对激励学生廉洁从学具有重要意义。高校廉洁环境文化能够帮助学生辨识和抵制错误思想的侵蚀，并学习和树立正面的价值观。此外，高校廉洁环境文化还能传承"勤俭节约、艰苦奋斗"的优良传统，帮助学生克服享乐主义和铺张浪费的不良行为，自觉做到知荣拒耻，树立正确的世界观、人生观和价值观。这种培养方式有助于全面提高学生的综合素质，为其未来的学习和生活奠定坚实的基础。

第三节 高校廉洁环境文化建设的实现路径

一、将廉洁自律理念融入校园基础设施

加强校园基础设施建设,能够为高校师生提供进行廉洁自律教育的设施。良好的校园文化环境,对培养廉洁自律意识至关重要。高校将廉洁自律理念融入基础设施,如图书馆、讲堂等,能够使师生在日常学习和生活中不断接受廉洁自律的熏陶。这样不仅有助于营造校园的文化氛围,还有助于学生树立正确的价值观。

(一)完善校园文化基础设施,构建高校廉洁教育的坚固阵地

高校廉洁自律教育的深入人心,离不开校园文化基础设施的完善。教职工培训中心、大学生活动中心等,不仅是高校成员开展丰富多彩的活动的舞台,更是廉洁教育的基础平台。在这些场所,高校成员能够积极参与廉洁文化实践,通过活动、讲座等形式,加深对廉洁自律的认识。教职工文化活动场所、图书室、多功能室等,能够为高校成员提供学习与交流的平台,促进廉洁自律教育的深入开展。

1. 完善教职工培训中心

教职工培训中心能够满足各类教师的培训需求,成为开展廉洁教育的重要基地,有利于为廉洁教育的经常化、制度化、规范化奠定坚实的基础。该中心可以举办学校各级管理干部的廉洁教育轮训,还可以进行

第七章　风清气正，守护育人净土：创设高校廉洁环境文化

党员干部任前的廉洁谈话，以及开展在任领导干部的廉洁谈话。此外，该培训中心为观看廉洁教育片、革命历史片、爱国主义教育片以及举办廉洁报告会等提供了便利的场所。廉洁教育也被纳入高校新进教师的岗前培训及寒暑假培训中。通过这样的集中培训，教师特别是青年教师能够在廉洁从教意识方面得到加强。而教师们凭借其应有的教养、内涵、气质和风度成为学生效仿和学习的楷模。廉洁教育的深入开展，有助于形成积极向上、诚信自律的校园文化氛围，为培养出更多具有良好品行和高尚情操的人才贡献力量。

2. 加强大学生活动中心建设

大学生活动中心设施丰富，包括多功能剧场、科技竞赛展厅等，为学生提供了展示才华和竞技水平的舞台。心理咨询室和学生文体活动室则为学生的心理健康和身体锻炼提供了支持。舞蹈排练厅和声乐试唱厅能够满足学生的艺术创作需求。书法创作室和绘画创作室为热爱书画的学生提供了专业的创作空间。琴房、资料室、广播站为学生提供了学习和娱乐的多样选择。学术报告厅和会议室为学生提供了开展学术交流和讨论的理想场所。这些设施的完善，能为学生提供一个多元化的学习和交流平台，有力地支持廉洁教育的深入开展。

大学生活动中心作为校园文化的核心区域，为学生提供了一个展示自我的舞台。在这个平台上，廉洁教育不再是一味理论传授，而是与文体活动、科教文化、娱乐休闲等相结合，使得廉洁教育更加生动有趣。在这样的环境中，学生在参与各类活动时，能够自然而然地接受"廉洁诚信、公正廉明、艰苦朴素、正直自律"的教育。例如，学生可以在参与社团活动或各类比赛的过程中体悟公平竞争的重要性，明晰诚信的价值。此外，大学生活动中心还能够作为素质教育的基地。在这里，学生可以通过参与多样化的活动，培养自己的兴趣爱好，同时在实践中加强廉洁自律意识，从而不断地学习和成长，形成良好的个人品质。

3. 加强教工之家、体育场、图书馆等场所建设

加强教工之家、体育场、图书馆等重要场所建设，对营造廉洁自律的氛围至关重要。这些文化活动场所可作为传播廉洁文化的有效平台。例如，在教工之家、体育场、图书馆等地开设廉洁作品专栏和宣传橱窗，悬挂宣传画、竖立警示教育牌以及书写催人奋进的廉洁文化宣传标语，为师生员工创造一个浓厚的廉洁修身环境。此外，高校可借助这些场所，根据党员干部、师生员工的不同特点，策划丰富多彩的廉洁教育活动，如书画比赛、征文比赛等。这些活动要贴近师生员工的生活，使他们能够在参与和体验中增强对高校廉洁文化的认同，从而增强廉洁从学意识。

（二）完善高校传媒设施，打造有利于廉洁文化传播的舆论环境

高校应重视完善传媒设施，以打造有利于廉洁文化传播的舆论环境。校报、广播台、网络平台、宣传橱窗、阅报栏、展板、海报以及电子显示屏等多元化媒介，是传播廉洁文化的重要媒介。通过这些媒介发布廉洁文化信息、展示相关教育活动、解读典型案例，可以有效地传递廉洁理念。高校通过这些传媒设施，为师生提供学习和交流廉洁文化的平台，加深他们对廉洁自律重要性的认识。

1. 班级黑板报

班级黑板报作为校园文化的一个重要展示平台，也是廉洁教育的有效载体。通过定期在黑板报上更新廉洁故事、开展廉洁宣传等，不仅能够加深学生对廉洁自律重要性的认识，还能激发他们参与廉洁文化建设的积极性。这样的教育方式既寓教于乐，又能深入人心，对学生塑造良好的道德情操起到积极的推动作用。例如，合肥职业技术学校信息工程与传媒学院开展的以"崇清尚廉"为主题的黑板报活动。在这次活动

第七章 风清气正,守护育人净土:创设高校廉洁环境文化

中,学生巧妙地运用了绿竹和莲花作为黑板报的背景,体现了清廉的内涵。绿竹代表正直挺拔,莲花则象征出淤泥而不染的纯洁。黑板报上的"予独爱莲之出淤泥而不染,濯清涟而不妖"更是深刻地阐释了廉洁自律的内涵。此外,学生运用古诗词进一步加强了廉洁文化的传播。例如,"粉身碎骨浑不怕,要留清白在人间"不仅丰富了文化内涵,还深化了廉洁自律的教育意义。这些诗句的应用,不但丰富了黑板报的内容,还使廉洁教育更加生动和贴近学生。这样的教育方式,既有创意又贴近学生生活,有效地融合了传统文化与现代教育,使廉洁自律教育在校园生根发芽。

2. 校园广播

校园广播的"强制收听"特性使其成为触及受众较广的媒介。声波所及之处,每个人都成为潜在的听众。正因如此,校园广播成为传播廉洁文化的理想选择。但考虑到播放时间的限制,短小精悍的信息更适合校园广播。简洁明了的廉洁文化信息,不仅能高效地传达给听众,还能有效提升其影响力。如此,校园广播就能有效地在学生心中播下廉洁自律的种子,助力培育廉洁、诚信的校园文化。

3. 校园电视台

校园电视台作为综合媒体,集声音、光影、音乐及图像于一体,展示效果卓越。虽然自行拍摄和制作廉洁文化专题片存在一定挑战,如拍摄技术和后期编辑等,但可借助社会化的成熟音像制品,尤其是情节丰富的案例解读类制品,为校园推广廉洁文化提供丰富的资源。这种方式不仅有助于增强信息的传播效果,还有助于深化高校成员对廉洁文化的理解与认同,进而营造廉洁自律的校园氛围。

4. 宣传橱窗

宣传橱窗一般设置在学校显眼位置，其能通过图文并茂的展示方式，迅速吸引高校成员的注意。布局宣传内容时，设计者需要精心挑选既吸引人又符合高校成员审美和兴趣的元素，以精美图像和简洁文字相结合的形式展现，避免冗长的文字描述，以有效激发高校成员对廉洁文化的兴趣和思考，有效传播廉洁文化。宣传橱窗的内容还应既紧跟时代步伐，并贴合日常生活，以达到教育与启迪的双重效果。如此，高校能够在学生心中播下廉洁自律的种子，为培养具有良好道德品质的未来社会成员奠定坚实基础。

（三）充分利用校园宣传阵地，推广勤廉模范

高校应充分利用各种媒介，如校报、广播、专栏等，报道廉洁教育活动的佳例，传播正面信息，树立勤廉典型。这样学生能不断接触正面榜样，从而有助于他们树立正确的价值观，自觉追求高尚的道德标准。

一方面，校外丰富的廉洁文化资源为树立正面典型、提高师生的廉洁文化素养提供了良好的基础和条件。高校应充分利用校外的廉洁文化成果，积极挖掘和宣传具有时代特征的勤廉模范事迹。这些榜样的事迹，能够激励高校成员树立正确的价值观和人生目标，进而提升校园廉洁文化的整体水平。另一方面，高校需要关注校内廉洁文化资源的开发，挖掘校内的勤廉典型。教职工和学生中先进人物的事迹更贴近校园实际，更易于师生理解和接受。广泛宣传身边的典型，能够让师生感受到廉洁文化的影响，增强对正面价值观的认同。此外，高校应鼓励师生积极参与廉洁文化的传播与实践。举办相关主题的讲座、研讨会、征文比赛等活动，让师生有更多机会深入了解和讨论廉洁文化，从而在思想上和行动上更加积极地响应和推动校园廉洁文化的发展。

二、建设体现廉洁理念的景观，塑造独特廉洁环境文化

校园文化景观，本质上是一种物质景观，但具有深刻的人文内涵，特别是校园廉洁文化景观，将廉洁理念融入其中，形成了一种独特的文化表现。例如，有些学校建造了"勤政石"，彰显着管理干部全心全意服务师生的理念。这种设计不仅美化了校园环境，还影响着高校成员，提醒他们尊重和践行公正、诚信的价值观。此外，廉洁文化景观的建设，还能够营造一种积极向上的校园氛围。这种氛围有助于培养学生的正直品格，同时促进校园文化的形成。在这样的环境中，高校成员都能感受到廉洁的重要性，共同努力营造一个更加健康、和谐的学习和工作环境。

（一）深入挖掘和整合廉洁文化资源，拓展高校廉洁文化景观的深度和丰富性

在我国，廉洁文化源远流长，深植于民族文化之中。历代以来，如包拯、海瑞、于成龙等清官廉吏，激励着一代又一代的中国人。这些历史人物的故事，在民间广为流传，成为人们口耳相传的佳话，到今天，依然具有强大的生命力和教育意义。廉洁文化不仅体现在人物事迹上，还体现在文化作品中。例如，古代的廉诗、廉文、廉戏等，表达了人们对清廉官吏的敬仰和对廉洁生活的向往。这些作品不仅艺术价值高，更是道德教育的宝贵资源。

中国共产党自成立之初，便继承并发扬了中华民族的廉洁文化，始终坚持全心全意为人民服务的根本宗旨，展现了深厚的为民情怀。党员干部中的焦裕禄、孔繁森、郑培民等，以勤俭节约、艰苦奋斗、清正廉洁的形象深入人心，成为社会主义廉洁文化的典范。他们的事迹和精神成为社会主义廉洁文化形成和发展的内在脉络。在高校中，深入挖掘和

整合廉洁文化资源，能有效拓展廉洁文化景观的深度和丰富性。中华民族的廉洁文化成果结合反腐倡廉的工作经验，为高校廉洁环境文化提供了丰富的素材。将这些素材巧妙融入校园环境，通过生动形象的实物和场景进行展示，如廉洁文化墙，不仅能美化校园环境，还能于无形中传播优秀的廉洁思想。需要注意的是，廉洁文化景观的建设应贴近高校成员的生活和学习，与他们的思想相结合。如此，才能真正触及他们的心灵，增强他们对廉洁文化的认同，逐渐形成独特的校园廉洁文化。

（二）改造校园旧景观，借景点题，补景喻题，丰富廉洁环境文化

对校园旧景观进行巧妙改造，不仅能保留原有韵味，还能赋予其新的廉洁文化内涵。例如，在校园的竹林旁、荷花池边、松柏间或菊花丛中，新摆放一些刻有"清风和畅""闻廉知香"等的卧石，助力文化氛围营造。这不仅是视觉的享受，更是心灵的洗礼。在校园漫步，教师和学生能在这些景观中体悟廉洁文化的深意，从而于无形中接受廉洁教育的熏陶。

（三）建设校园新景观，塑景亮题，拓展校园廉洁环境文化

建设校园新景观，不仅是物理空间的改变，更是文化氛围的升华。雕塑、文化石等艺术作品，以及亭台楼阁、廊桥等传统建筑，都是传播廉洁文化的载体。它们在校园中的合理布局，能够形成独特的视觉焦点，同时承载深厚的文化内涵。廉洁环境文化的塑造，不只是视觉上的美化，更是情感和意义的传递。每一件艺术品、每一座建筑，都可以成为讲述廉洁故事的媒介，影响高校成员的思想和行为。

第七章 风清气正，守护育人净土：创设高校廉洁环境文化

1. 建设体现廉洁理念的校园标志性建筑

建设体现廉洁理念的校园标志性建筑，是对学校物质文化的丰富，更是对学校精神文化的展现。该建筑在校园中占据重要位置，以其独特的形象和象征意义，成为校园文化的一部分。例如，西安交通大学医学部的"方圆"雕塑，巧妙地将廉洁理念融入艺术创作中，其设计理念——上部圆球代表思考全面，下部方形石条象征为人正直，深刻地体现了廉洁从学的核心思想。这样的标志性建筑不只是一座物理结构，更具有教育和启示的功能。它们如同静默的教师，以其独有的方式让学生接受廉洁、诚信和责任感的洗礼；它们不仅是校园的地标，更是学校精神文化的一个缩影。在日常的学习和生活中，学生可以时刻浸润在廉洁理念之中，不知不觉间，思想和行为受到正向影响，逐步成长为有道德、有理想、有担当的现代青年。

2. 建设体现廉洁理念的文化广场

文化广场中的每一处景观都蕴含着深厚的文化内涵和教育意义。雕塑纪念碑、历史名人雕像是学校历史传统的生动注脚，更是对学生开展品德教育的生动课堂。亭廊、文化石、绘画壁同样是校园文化的载体，传递着廉洁自律的重要信息。刻写的廉文、廉诗、廉洁警句，不只是视觉上的享受，更是直击心灵的触动。学生在其中漫步，无形中接受了廉洁文化的熏陶，感悟着廉洁的深远意义。颂廉亭作为一个休息的场所，其两侧镶嵌的廉洁对联和格言，也能让人在休息之余，思考廉洁的重要性，将这种意识深深植入心中。植物的选择也极具象征意义，如松、竹、梅、兰、菊、莲等，它们不仅可以美化环境，更是高洁、坚韧、清新的象征。这些植物无声地影响着校园成员的思想品质和道德情操。廉洁主题公园的建设，不仅丰富了校园的文化生活，还为廉洁教育提供了一个全新的平台。在这里，廉洁不再是抽象的概念，而是通过具体的文化景

观、环境布局变得生动而具体。高校学生在这样的环境中成长，廉洁的理念将深植于心，成为指导他们一生的重要力量。

三、加强校园网络环境管理，切实提升网络廉洁教育实效性

网络作为信息传播的主要渠道，对廉洁教育的影响日益显著。加强校园网络环境管理，能够有效提升网络廉洁教育的质量和效果。高校应探索将廉洁教育融入网络，创新宣传方式，优化话语体系，构建有效的教育机制，打造良好的网络育人环境。在积极推进网络廉洁教育的过程中，高校应注重内容的创新和形式的多样化，使廉洁教育生动、有趣，以增强其吸引力。同时，网络环境的优化，有助于形成积极向上的校园文化氛围。

（一）善用新媒体、新技术，推动高校廉洁环境文化建设"活起来"

校园网络环境管理的关键在于提升网络廉洁教育的实效性。新媒体、新技术的应用，对推动高校廉洁环境文化建设至关重要。深刻理解新时代高校廉洁文化建设的内涵，抓住"不想腐败"这个核心，是实现廉洁环境文化建设目标的关键。各类媒体资源的统筹运用、媒体融合的成果、创新的传播载体和手段，对实现广泛且有效的覆盖尤为重要，有助于营造积极向上的校园文化氛围，促进高校成员廉洁自律意识的形成，为高校廉洁文化建设奠定坚实基础。

1. 加强高校组织领导

高校需要将廉洁文化建设纳入重要议事日程及学校改革发展的全局规划，确保其在校园宣传思想文化工作中占据一席之地。为此，高校需

第七章　风清气正，守护育人净土：创设高校廉洁环境文化

要制定全面的规划和顶层设计，确保廉洁文化建设的顺利进行。这包括明确主要牵头部门和相关配合部门的职责分工，确保各部门在推动廉洁文化建设方面做到协调一致。此举有助于建立高校廉洁文化建设的长效机制，为校园廉洁环境的持续优化奠定坚实基础。同时，高校运用新媒体、新技术推动廉洁文化建设尤为重要。新媒体的广泛应用能为廉洁文化的传播提供新途径，以期更容易被师生接受。这样不仅能够有效提升校园网络环境的廉洁水平，还能够促进学生对廉洁价值观的深入理解和实践。

2. 构建新媒体传播格局

高校在推动廉洁文化建设时，应充分利用新媒体、新技术的优势，将微博、短视频等新媒体工具融入校园文化建设中，以有效提升廉洁教育的影响力、扩大覆盖面。这种做法有利于激发学生对廉洁教育的兴趣，加强师生之间的互动和交流。在此基础上，高校应着手构建一个多元化的新媒体传播格局，通过整合校内外的媒体资源，形成一个既有传统媒体又有新媒体的综合传播体系。这样的传播体系可以更有效地传播廉洁文化，从而在师生中形成良好的廉洁文化氛围。此外，新媒体的运用还可以帮助高校实现廉洁文化的创新传播。通过多点策划和同步传播推广，高校可以在新媒体平台上呈现出更加生动、具有吸引力的廉洁文化内容。这不仅能够增强高校廉洁文化的渗透力，还能够最大化地覆盖受众，从而推动校园廉洁环境文化建设向更高层次发展。

3. 创新传播载体手段

随着科技的迅速发展，短视频、直播等新媒体日益普及，成为高校师生青睐的信息交流和内容体验方式。这些新媒体的应用，为高校廉洁环境文化建设提供了新的路径和手段。利用新媒体，高校可以创新"廉

洁文化+互联网"的学习教育模式。例如,高校可以打造一个"有声廉洁文化墙",师生只需拿出手机扫描二维码,即可进入一个内容丰富、形式多样的廉洁教育平台。同时,师生可以在任何时间、任何地点进入这个平台学习,充分利用碎片化时间。这种新型的学习方式突破了传统的"定时学""集中学"的局限,使得廉洁教育更加灵活、便捷。此外,新媒体技术的应用还增强了师生之间的互动性和体验性。通过短视频、直播等形式,师生可以分享自己的学习心得和廉洁故事,互相学习和激励。这样的互动不仅加深了师生对廉洁文化的理解,还增强了校园廉洁文化的影响力和吸引力。

4. 推陈出新传播内容

高校廉洁环境文化建设是培养学生良好道德操守的重要环节,尤其在网络时代,这一建设尤为重要。高校应着力利用新媒体、新技术,丰富廉洁教育的内容与形式,通过创新传播方式,更有效地吸引师生的关注,增强廉洁文化的吸引力和感召力。在内容方面,高校应重点加强廉洁文化网络内容的建设。这包括发布与廉洁教育相关的信息,宣传师生中的廉洁事迹。这种宣传不仅能够展示廉洁文化的积极形象,还能激励更多师生效仿,形成良好的校园文化氛围。同时,高校应注重发挥网络在廉洁文化建设中的正向引领作用。例如,策划并推出关于新时代廉洁价值观的线上专题讨论等。这些活动不仅有助于强化师生的清正廉洁思想,还有助于夯实他们的廉洁自律的道德操守。通过这些方式,高校可以有效增强广大师生的思想觉悟、纪法意识和廉洁意识。高校在网络环境下对廉洁文化的推广和建设,不仅能筑牢师生拒腐防变的思想防线,还能引领校园生态朝着风清气正的方向发展。

第七章　风清气正，守护育人净土：创设高校廉洁环境文化

（二）建立廉洁教育进网络的长效机制

建立廉洁教育进网络的长效机制，旨在解决网络廉洁教育中的问题。高校应构建系统化的网络平台、探索教学方法，夯实廉洁教育的理论基础。此举旨在形成一套完善的廉洁教育体系，包括理论学习、实践应用等多方面内容。为了提高网络廉洁教育的效果，高校应不断优化网络教学环境，采取创新手段，使廉洁教育更贴近学生实际，更易于理解和接受。高校也应关注互联网的快速发展及其带来的新挑战，积极探索适应现代网络环境的教育方法。在此过程中，高校需要注重廉洁文化的传播。高校还应鼓励学生积极参与廉洁教育活动，如网络诚信承诺、廉洁主题征文等，以实际行动促进廉洁文化的内化和生活化。

1. 构建以时代理论为引领的廉洁教育进网络话语体系

在信息时代，网络已成为传播知识与文化的重要渠道。因此，高校应充分利用网络环境，有效推进廉洁教育的深入开展。构建以时代理论为引领的廉洁教育进网络话语体系，是推动高校廉洁教育现代化的关键举措。这要求高校将习近平新时代中国特色社会主义思想融入教学内容。网络话语体系的建立不仅是理论的传播，更是文化的传承。高校可以借助中华优秀传统文化，结合"网络中国节"等，营造清正廉洁、勤俭节约的校园文化氛围。这种方式能够使高校成员深入理解廉洁文化及理念，还能在日常生活中进行实践。为了确保廉洁教育话语体系的有效性，高校需要不断丰富其表达方式。例如，在线宣讲、网络答题等方式，可以使廉洁教育更加生动、贴近学生生活。

2. 创新廉洁教育进网络宣传平台建设

高校应着力营造良好的网络廉洁教育环境，积极构建校园网站、微

信公众号、易班等多元化的网络教育平台。这些平台覆盖广泛，能够针对学生的网络使用习惯，提供定制化的廉洁教育服务。例如，纪检监察微信公众号定期发布廉洁法规与典型案例，可以加深学生对廉洁规范的认识和理解。易班平台利用"轻快搭"服务，吸引学生参与在线学习，增强互动性和趣味性。此外，依托大数据技术，高校能够及时有效地推送符合学生需求的廉洁教育内容。这种方式不仅能提高信息的传播效率，还能确保信息内容的针对性和实用性。这样的廉洁教育进网络宣传平台建设，有效地提升了网络廉洁教育的实效性，促进了校园廉洁文化深入人心。

3. 完善廉洁教育进网络协同联动机制

在高校中，校园网络环境管理至关重要。为了提升廉洁教育的实效性，高校应当形成一个进入网络的廉洁教育长效机制。该机制的核心在于，利用大数据等技术手段，对高校成员的廉洁教育学习情况进行监测。具体而言，可建立一个廉洁教育学习宣传的清单台账，以对各单位工作进展进行定期督查。同时，依托易班等平台，利用大数据技术，对高校成员廉洁教育学习频率、时长及测评成绩进行统计。这不仅能客观、真实地掌握高校成员的思想动态和行为习惯，还能评价廉洁教育的工作成效。此外，这种监督评价机制还能预测高校成员对相关知识的兴趣，确定更受他们欢迎的学习方式。这样就能更有效地促进网络廉洁教育的开展，进一步增强高校成员的廉洁环境文化意识。总之，这种以网络为平台的廉洁教育模式，不仅能提升教育的针对性和有效性，还能营造一个更加健康、积极的校园网络文化环境。

4. 优化廉洁教育进网络的环境阵地

高校应不断加强校园网络平台建设，利用短视频等新媒体传播载体，

第七章 风清气正，守护育人净土：创设高校廉洁环境文化

创新廉洁文化的传播方式。例如，积极开展廉洁文化微视频的创作，利用生动有趣、更加贴近学生日常生活的视频内容，增强其吸引力。同时，对廉洁教育工作者进行网络信息技术培训也非常重要。提升教育工作者的网络技术能力，可以更有效地利用网络平台进行教育活动。此外，高校应推进资源平台的整合，加强资源数据的收集、预警、管理，以及学习过程的一体化。这样，高校可以建立一个廉洁教育的可视化共享管理机制，实现资源的最大化利用，确保教育内容的高效传播。通过这些措施，校园网络环境将成为廉洁教育的有效阵地，也更有助于营造一个更加健康、风清气正的网络文化氛围。在这样的环境中，高校师生能够更加深入地理解廉洁的重要性，形成廉洁、正直、诚信的道德品质，为社会的健康发展贡献力量。

参考文献

[1] 夏民，李炳烁.高校廉洁文化建设的理论与实践研究[M].镇江：江苏大学出版社，2022.

[2] 李平，张昌山.廉洁校园建设的思考与探索[M].昆明：云南大学出版社，2019.

[3] 湖北省高校纪检监察工作研究会.高校廉政建设理论与实践[M].武汉：华中科技大学出版社，2011.

[4] 中共上海市纪律检查委员会，上海市监察局，上海市监察学会.推进惩治和预防腐败体系机制建设[M].上海：上海教育出版社，2010.

[5] 敬枫蓉.高校师德建设的理论与实践[M].成都：电子科技大学出版社，2006.

[6] 徐士元，李前程，陈帅.高校师德建设的溯源与提升[M].武汉：中国地质大学出版社，2022.

[7] 陈湘生.感悟与升华：建设和谐高校的思考与实践[M].长沙：湖南师范大学出版社，2005.

[8] 王春艳，刘天目.高校推进新时代廉洁文化建设构建良好育人生态的探索与实践[J].现代交际，2023（8）：96-101，124.

[9] 李豫萍，吴玉峰，凌勇威.加强高校廉洁文化建设的路径探究[J].科教导刊，2023（21）：84-86.

[10] 陈玮.高校廉洁文化建设的实效性和针对性[J].佳木斯职业学院学报，2017（9）：157-158.

[11] 高忠芳.新时代高校廉洁文化建设的实践路径[J].甘肃教育，2023（14）：21-26.

[12] 王晓琪.高校新时代廉洁文化建设实现路径研究[J].鄂州大学学报，2023，30（4）：9-11.

[13] 张敏燕.发挥高校阵地优势 加强新时代廉洁文化建设[J].前进，2023（7）：57-60.

[14] 翁晓庆.以家教家风助推高校廉洁文化建设的路径[J].厦门城市职业学院学报，2023，25（3）：34-38，43.

[15] 黄彬，赵彤彤，沈雨燕.新时代高校廉洁文化建设的历史回眸、现状剖析和路径探赜[J].文教资料，2023（11）：64-67.

[16] 朱莎莎.中国传统文化与法制视域下高校廉洁文化建设研究[J].黑河学院学报，2017，8（10）：22-23.

[17] 辛岛.微电影融入"清廉学校"建设及高校廉洁文化传播的路径研究[J].采写编，2023（5）：94-96.

[18] 陈近欢.中国传统廉政思想在高校廉洁文化建设中的渗透[J].学周刊，2023（3）：12-14.

[19] 吴豪伟.创建工作机制 打造高校廉洁文化建设模式[J].中国纪检监察，2022（23）：59.

[20] 王楠.新时代高校辅导员队伍廉洁文化建设路径探析[J].高校辅导员学刊,2022,14（6）:24-28.

[21] 赵琼琼.善用源头活水,助力新时代高校廉洁文化建设[J].大众文艺,2022（20）:124-126.

[22] 王兴娥.以队伍建设促高校廉洁文化建设[J].四川省干部函授学院学报,2018（2）:90-92.

[23] 马艳红.中华廉洁文化精准融入民办高校清风校园建设探论[J].河南教育（高等教育）,2022（5）:29-31.

[24] 顾晶.新时代高校校园廉洁文化建设研究[J].无锡商业职业技术学院学报,2018,18（6）:76-78.

[25] 陈凤英.高校廉洁文化建设探析[J].哈尔滨学院学报,2022,43（4）:134-136.

[26] 万乔.中国传统廉政思想在高校廉洁文化建设中的借鉴探究[J].教书育人（高教论坛）,2022（6）:47-49.

[27] 李景瞳,聂华.新时代高校廉洁文化建设中的问题与对策[J].黑河学刊,2021（5）:30-36.

[28] 李艳,王川.大学生廉洁社团参与高校廉洁文化建设的实践路径[J].决策探索（下）,2021（4）:59-61.

[29] 许平.大学生廉洁教育融入高校校园文化建设的路径研究[J].福建广播电视大学学报,2021（2）:21-24.

[30] 谢云岭. 和谐校园视阈下廉洁文化建设的思考[J]. 沧州师范学院学报, 2020, 36（4）: 13–14, 24.

[31] 沈泽竑. 新媒体时代高校廉洁文化建设的新挑战[J]. 现代交际, 2020（18）: 130–132.

[32] 杨珊珊. 廉洁文化融入高校团学组织路径探析[J]. 湖北开放职业学院学报, 2020, 33（16）: 76–77.

[33] 张潇瑞, 朱丽霞. 当前高校廉洁文化建设特点、现状与思路[J]. 武汉纺织大学学报, 2020, 33（3）: 71–76.

[34] 姜霞. 谈高校校园廉洁文化建设[J]. 辽宁师专学报（社会科学版）, 2020（2）: 127–128, 136.

[35] 毛靖. 高校图书馆在校园廉洁文化建设中的作用研究[J]. 智库时代, 2020（14）: 243–244.

[36] 施增阳. 论加强法律教育对高校廉洁文化建设的促进作用[J]. 法制与社会, 2020（3）: 198–199.

[37] 刘玉成, 孙旭. 高校廉洁文化建设有效途径探索[J]. 文化创新比较研究, 2019, 3（28）: 19–20.

[38] 马爽, 高福和. 高校廉洁教育载体建设路径探究[J]. 高校学生工作研究, 2019（1）: 97–101.

[39] 艾俊里. 高校廉洁文化建设与管理效能的提升[J]. 法制博览, 2019（20）: 296.

[40] 李可新. 新时代高校大学生廉洁文化教育的四重维度 [J]. 中国军转民，2023（24）：116-117.

[41] 张妍，李鹏. 新时代高校廉洁文化建设探究 [J]. 忻州师范学院学报，2023，39（6）：16-19.

[42] 李思博，赵伟丞. 新时代大学生廉洁文化教育路径研究 [J]. 当代教研论丛，2023，9（12）：72-74.

[43] 王筠榕. 新时代廉洁文化融入高校思政课的价值意蕴、内涵建设及实践路径 [J]. 教书育人（高教论坛），2023（33）：70-75.

[44] 姚姗汝，李敏. 新媒体时代加强高校廉洁文化建设的思考 [J]. 广西教育，2023（30）：61-64，81.

[45] 陈希文. 新时代高校廉洁文化教育实施路径探究 [J]. 福建开放大学学报，2023（5）：36-39.

[46] 杨智平. 廉以育人：深入推进高校廉洁文化建设 [J]. 今日海南，2023（10）：31-33.

[47] 闫俊超，姚婕，刘诗璐. 高校图书馆廉洁文化特色空间建设初探 [J]. 内蒙古科技与经济，2023（18）：150-152，156.

[48] 王猛，吴祖峰，洪磊. 新时代、新形势下推进高校廉洁文化建设探析 [J]. 科教导刊（下旬），2019（9）：79-80，109.

[49] 薛影，娄秉文. 关于进一步推进高校廉洁文化建设的路径思考 [J]. 现代交际，2019（5）：185，184.

[50] 郭澜. 新时代大学生廉洁文化教育研究 [D]. 西安：西安建筑科技大学，2020.

[51] 陈天. 高校廉洁文化建设研究 [D]. 石家庄：河北师范大学，2018.

[52] 于丽娜. 和谐社会视域下高校廉洁文化建设研究 [D]. 大连：大连交通大学，2015.

[53] 隆昌兵. 大学生廉洁教育模式研究 [D]. 长沙：湖南大学，2015.

[54] 项丽霞. 高校干部廉洁自律教育研究 [D]. 苏州：苏州大学，2010.